コミュニケーション学がわかるブックガイド

東京経済大学コミュニケーション学部 [監修]

NTT出版

まえがき

　コミュニケーションは人間存在の原点、社会の原点です。

　そのコミュニケーションに興味や関心のある人、コミュニケーションについて学ぼうと思っている人に向けて、本書は作られました。コミュニケーションの重要性、コミュニケーション学の楽しさと広がりを知ってほしいと思ったからです。

　もとよりコミュニケーション学は、コミュニケーションを扱う学問領域の集大成です。本書では、そのなかから社会学、ジャーナリズム、心理学、経営学、マーケティング、情報学、文化人類学、歴史学、言語学、哲学を中心に、コミュニケーション学にかかわる本を取り上げました。それらは、古典から最新の著作まで、そして入門書から専門書まで、さらには基礎から応用まで、多様な視点から選ばれた128点です。

　本書は以下の5章から構成されています。

　第1章「メディアコミュニケーションを学ぶ」は、インターネットや携帯電話、マスメディアといった「メディア」を介したコミュニケーションに関する本25点を紹介します。第2章「企業コミュニケーションを学ぶ」では、広報や広告、企業内外のコミュニケーションに関する本20点を紹介します。第3章「グローバルコミュニケーションを学ぶ」では、異文化理解とコミュニケーションの多様性に関する本20点を紹介します。第4章「コミュニケーションの原点を学ぶ」では、情報とコミュニケーションの意義にかかわる本25点を紹介します。第5章「コミュニケーショ

ン学のいまを学ぶ」では、前半でコミュニケーションにかかわる「いま」を扱った新書20点、後半で「学」としてのコミュニケーションに取り組むのに役立つテキスト類18点を紹介します。

　本書がみなさんのよきコミュニケーション学案内人となることを願っています。

　2014年1月
　　　　　東京経済大学コミュニケーション学部教員一同

目　次

まえがき … i

第 1 章
メディアコミュニケーションを学ぶ

インターネット新世代　村井純 … 002

バーチャル・コミュニティ　ハワード・ラインゴールド … 004

電子ネットワーキングの社会心理　川上善郎ほか … 006

ケータイのある風景　松田美佐ほか … 008

CODE VERSION 2.0　ローレンス・レッシグ … 010

インターネットの銀河系　マニュエル・カステル … 012

閉じこもるインターネット　イーライ・パリサー … 014

火星からの侵入　H. キャントリル … 016

パーソナル・インフルエンス　E. カッツほか … 018

メディアの議題設定機能　竹下俊郎 … 020

沈黙の螺旋理論　E. ノエル＝ノイマン … 022

世論　W. リップマン … 024

幻影（イメジ）の時代　ダニエル J. ブーアスティン … 026

孤独な群衆　デイヴィッド・リースマン … 028

情報の文明学　梅棹忠夫 … 030

社会は情報化の夢を見る　佐藤俊樹 … 032

メディア論　マーシャル・マクルーハン … 034

場所感の喪失　ジョシュア・メイロウィッツ …036
メディオロジー宣言　レジス・ドブレ …038
なぜメディア研究か　ロジャー・シルバーストーン …040
印刷革命　E.L. アイゼンステイン …042
古いメディアが新しかった時　キャロリン・マーヴィン …044
電話するアメリカ　クロード S. フィッシャー …046
メディアの生成　水越伸 …048
戦後史のなかの憲法とジャーナリズム　有山輝雄 …050

第2章

企業コミュニケーションを学ぶ

広告論講義　天野祐吉 …054
広告の誕生　北田暁大 …056
ブランド　石井淳蔵 …058
グランズウェル　シャーリーン・リーほか …060
キャラクター精神分析　齋藤環 …062
広報・広告・プロパガンダ　津金澤聡廣ほか編 …064
体系パブリック・リレーションズ　S.M. カトリップほか …066
日本の広報・PR100年　猪狩誠也編 …068
組織は戦略に従う　アルフレッド D. チャンドラー, Jr. …070
知識創造企業　野中郁次郎ほか …072
組織化の社会心理学　カール E. ワイク …074
組織事故　ジェームズ・リーズン …076
ネットワーク組織論　今井賢一ほか …078
ウィキノミクス　ドン・タプスコットほか …080
システムの科学　ハーバート A. サイモン …082

イノベーションの普及　エベレット・ロジャーズ…084

新ネットワーク思考　アルバート=ラズロ・バラバシ…086

ロングテール　クリス・アンダーソン…088

「ネットワーク経済」の法則　カール・シャピロほか…090

グーグル　スティーブン・レヴィ…092

第3章

グローバルコミュニケーションを学ぶ

文化とコミュニケーション　エドマンド・リーチ…096

暗黙知の次元　マイケル・ポランニー…098

マンウォッチング　デズモンド・モリス…100

かくれた次元　エドワード・ホール…102

贈与論　マルセル・モース…104

経済の文明史　カール・ポランニー…106

銃・病原菌・鉄　ジャレド・ダイアモンド…108

危険社会　ウルリヒ・ベック…110

文化人類学と言語学　E.サピアほか…112

無文字社会の歴史　川田順造…114

外国語学習の科学　白井恭弘…116

翻訳語成立事情　柳父章…118

古今和歌集…120

忘れられた日本人　宮本常一…122

「集団主義」という錯覚　高野陽太郎…124

ジモトを歩く　川端浩平…126

菊と刀　ルース・ベネディクト…128

オリエンタリズム　エドワード・サイード…130

シェイクスピア テリー・イーグルトン … 132
ドン・キホーテ ミゲル・デ・セルバンテス … 134

: 第 4 章 :

コミュニケーションの原点を学ぶ

想像の共同体 ベネディクト・アンダーソン … 138

精神の生態学 グレゴリー・ベイトソン … 140

モダン・コンピューティングの歴史 ポール E. セルージ … 142

生成文法の企て ノーム・チョムスキー … 144

影響力の武器 ロバート B. チャルディーニ … 146

フロー体験 ミハイ・チクセントミハイ … 148

顔は口ほどに嘘をつく ポール・エクマン … 150

インフォメーション ジェイムズ・グリック … 152

出会い アーヴィング・ゴッフマン … 154

サブカルチャー ディック・ヘブディジ … 156

わざ言語 生田久美子ほか編著 … 158

オルレアンのうわさ エドガール・モラン … 160

基礎情報学 西垣通 … 162

物語としてのケア 野口裕二 … 164

誰のためのデザイン? ドナルド A. ノーマン … 166

声の文化と文字の文化 ウォルター J. オング … 168

孤独なボウリング ロバート D. パットナム … 170

みんな集まれ! クレイ・シャーキー … 172

「からだ」と「ことば」のレッスン 竹内敏晴 … 174

模倣の法則 ガブリエル・タルド … 176

生物から見た世界 ヤーコプ・フォン・ユクスキュルほか … 178

有閑階級の理論 ソースティン・ヴェブレン…180

コンサルタントの秘密 ジェラルド M. ワインバーグ…182

サイバネティックス ノーバート・ウィーナー…184

「声」の資本主義 吉見俊哉…186

: 第 5 章 :

コミュニケーション学のいまを学ぶ

メディア社会 佐藤卓己…190

メディア・リテラシー 菅谷明子…191

ウェブ進化論 梅田望夫…192

集合知とは何か 西垣通…193

ウェブはバカと暇人のもの 中川淳一郎…194

つなげる広告 京井良彦…195

不祥事は財産だ 樋口晴彦…196

ことばと文化 鈴木孝夫…197

日本人の英語 マーク・ピーターセン…198

ポストコロニアリズム 本橋哲也…199

野生哲学 管啓次郎ほか…200

民族という名の宗教 なだいなだ…201

コミュニティを問いなおす 広井良典…202

ソーシャルブレインズ入門 藤井直敬…203

わかりあえないことから 平田オリザ…204

友だち幻想 菅野仁…205

コミュニケーション力 齋藤孝…206

アサーション入門 平木典子…207

ザ・ディベート 茂木秀昭…208

統計でウソをつく法　ダレル・ハフ…209

コミュニケーション・スタディーズ　渡辺潤監修…210

現代メディア史　佐藤卓己…210

マス・コミュニケーション効果研究の展開　田崎篤郎ほか編著…211

入門講座 デジタルネットワーク社会　桜井哲夫ほか…211

現代ジャーナリズムを学ぶ人のために　田村紀雄ほか編…212

よくわかるメディア・スタディーズ　伊藤守編…212

現代広告論　岸志津江ほか…213

経営組織　金井壽宏…213

異文化コミュニケーション・キーワード　吉田暁ほか…214

よくわかるコミュニケーション学　板場良久ほか編著…214

メディア用語基本事典　渡辺武達ほか編…215

異文化コミュニケーション事典　石井敏ほか編…215

情報の歴史　松岡正剛監修…216

原典メディア環境1851-2000　月尾嘉男ほか編…216

基本的データソース集（各種白書など）…217

メディアの卒論　藤田真文編…217

「文化系」学生のレポート・卒論術　渡辺潤ほか編著…218

コミュニケーション研究法　末田清子ほか編著…218

あとがき…219

書名索引…221

本書で紹介している各書籍に複数の版がある場合は、なるべく新しいもの、入手しやすいものを示しました。また、見出しに定価表記のないものは、現在（2014年1月）、品切れまたは絶版です。図書館や古書店などを利用して、ご覧ください。

第 1 章

メディアコミュニケーションを学ぶ

　本章ではメディアコミュニケーション分野から25冊を案内する。まず、近年のメディアコミュニケーション分野で注目される、情報通信技術に関する書籍を紹介する。続けて、マスコミュニケーション効果論から必読の著作を紹介していく。それらに続くのは、メディアと社会の関係を考察する文献である。そして、「メディア」について考究するメディア論の書籍が並び、最後に歴史的視点によるメディア研究における優れた研究書群が本章を締めくくる。メディアコミュニケーション分野の幅広さと奥深さが、これら25冊によって示されるだろう。

インターネット新世代

村井純
岩波新書、2010年、760円+税

インターネットには社会を変える力がある

　日本で普及し始めてからほぼ20年が経過したインターネットは、いまや社会にとって欠かせないライフライン(生命線)になった。インターネットは、これからも光ファイバー網の拡充、IPv6によるアドレス空間の拡張、クラウドコンピューティングへの移行などを通じて、新興国や途上国も含め、真の意味でのグローバルな社会基盤へと発展を続けていくものと考えられる。

　本書は、このような観点に立って、インターネット関連技術の現状と将来、その影響と課題解決の方向性について技術的視点からわかりやすく解説した啓蒙書であり、同じ著者による『インターネット』(1995)および『インターネットⅡ』(1998)の続編でもある(いずれも岩波新書)。

　インターネットの発展によって、直接的な影響をもっとも大きく受けたのがマスメディアである。インターネットを通じて動画情報が自由に流せる(受信だけでなく発信もできる)環境が整うなかで、新聞や雑誌はいうに及ばず、マスメディアの王様として君臨してきたテレビまでがインターネットに飲み込まれようとしている。これらのマスメディアをビジネス面で支えてきた広告もインターネットにシフトしてきている。双方向性をもったインターネットは、ユーザーの関心を把握しやすくし、効果的な広告配信を可能にするからである。

　インターネットとほぼ同時期に普及を始めた携帯電話も、当初の持

ち歩ける電話から情報技術の発展の恩恵を最大限に受け、持ち歩けるコンピュータへと変身してきた。また、無線通信技術の発展で高速通信が可能になり、スマートフォンに代表されるようにインターネット端末としての存在感を急速に高めてきている。いつでも、どこからでもインターネットにアクセスできる環境が現実のものになったのである。

著者は、この急速に発展するインターネット網をうまく活用することにより社会が直面している多くの課題、たとえば、教育や医療の立て直し、福祉や少子高齢化が抱える課題、環境やエネルギー問題などを解決することに大きく貢献することができると信じている。

しかし同時に、グローバルな情報共有システムであるインターネットは、著作権の侵害や有害情報の氾濫、深刻なサイバーテロなどの問題を引き起こす。とくにサイバーテロは、陸海空に次ぐ第4の戦場ともいわれており、インターネット網で制御されている、電力網、交通網、上下水道網などのライフラインを混乱させ人々の生活に深刻な悪影響をもたらす危険性も指摘されている。

そして、インターネットのグローバル空間が今後も健全に発展するには、技術と合理性で動き続ける必要があり、政治の取引や一部の国・地域の都合に合わせるような曲がった方向に進まないようにすることが肝心であると著者は主張している。（吉井博明）

KEYWORDS
インターネット、マルチメディア、グローバル空間、デジタル情報

著者紹介 | 1955年生。慶應義塾大学大学院修了後、東京工業大学総合情報処理センター、東京大学大型計算機センターを経て、現在、慶應義塾大学環境情報学部教授。東京工業大学時代に日本初のインターネット網であるJUNETを設立し、その後、インターネットに関する研究プロジェクト＝WIDEの代表を務めるなどし、日本における「インターネットの父」と呼ばれている。

バーチャル・コミュニティ
コンピュータ・ネットワークが創る新しい社会

ハワード・ラインゴールド（会津泉 訳）
三田出版会、1995年

The Virtual Community, 1993

ネットワーク上のコミュニティの原点を描いたインターネット前史

　ネットワークを介してつながるコミュニティ感覚を、ラインゴールド自身の経験から臨場感をもって描き出したのが本書である。このコミュニティ感覚とは、ニコニコ動画で同じ作者の動画を楽しむコミュニティやmixiでの共通の趣味をもつコミュニティのメンバーに生まれる仲間意識、さらには自らを「2ちゃんねらー」と呼ぶユーザーの間に見られる共同感覚といってよいだろう。

　ラインゴールドは「ホールアースレビュー」の編集長をつとめたが、これはスチュワート・ブラントが始めた『ホールアースカタログ』を雑誌化したものであった。その流れを汲むパソコン通信サービスWELL（Whole Earth 'Lectronic Link）が、本書の中心的舞台である。

　パソコン通信とは、インターネット普及以前に利用された、パソコンを電話回線を通じて大型コンピュータに接続して利用する電子掲示板（Bulletin Board System）を指す。商用サービスのほか、個人やグループが開設したものも多く、これらは草の根BBSと呼ばれた。

　Usenetを代表とするネットニュースシステム、MUD（Multi-User Dungeons）というネットワークゲームの走りともいうべきシステム、IRCと呼ばれるリアルタイムのチャットコミュニケーションに生まれたコミュニティなどについてもふれられている。

　いまやMITメディアラボの所長として名高い伊藤譲一も、彼が日本ではじめたTWICSというBBSサービスとともに登場する。その

後、東京から大分、パリからロンドンへと、ラインゴールドの筆は世界各国を巡り、再びサンフランシスコのWELLへと戻り、電子フロンティア財団（Electronic Frontier Foundation）がWELLの議論から生まれていく経緯を描いている。

EFFは政府のネットワークに対する検閲に反対するブルーリボン運動を主導するほか、ネットワークや知的財産権の分野で政府からの個人の自由を主張する団体として知られている。終章では、ネットワークを通じたコミュニケーション技術が民主主義を活性化するかについて検討している。カウンターカルチャーがいかにしてインターネット文化のルーツの1つとなったかがわかることが本書の意義だろう。

インターネット普及以前に、コンピュータとコミュニケーション技術に関心をもつ開拓者たちは、ネットワーク上のコミュニティに期待を抱き、それが民主主義の基盤となることを夢見た。自らその中心的人物として活動したラインゴールドがさまざまなコミュニティを紹介しながら描き出した本書はインターネットの前史ともいえる。

コンピュータネットワークが社会と組織をどう変えるかを同時期に検討したものとしては、L.スプロウルとS.キースラーによる『コネクションズ』（加藤丈夫訳、アスキー）がある。（北山聡）

KEYWORDS

コミュニティ、CMC、電子掲示板、カウンターカルチャー、電子民主主義

著者紹介 | Howard Rheingold　1947年米国アリゾナ州生まれ。ジャーナリスト、作家。著書としてはパソコンの誕生を追った『新・思考のための道具』（日暮雅通訳、パーソナルメディア）、『バーチャル・リアリティ』（沢田博訳、ソフトバンククリエイティブ）、『スマートモブズ』（公文俊平・会津泉監訳、NTT出版）がある。近著のNet Smartでは、いかにしてネットワーク技術とつきあっていくのか、デジタル時代のリテラシーの必要性とそれを支えるサービスについて扱っている。

電子ネットワーキングの社会心理
コンピュータ・コミュニケーションへのパスポート

川上善郎、川浦康至、池田謙一、古川良治
誠信書房、1993年、2,800円+税

CMC研究の先駆け

「ずいぶん、遠くへ来たものだ」。いまから20年前に刊行された本書を読むと、こう思わずにはいられない。

当時、インターネットはまだ広く使われていなかった。実際、本書のどこにも「インターネット」ということばは見当たらない。「パソコン通信」がコンピュータネットワークの代名詞だった時代である。

インターネットをはじめとする、コンピュータネットワークによるコミュニケーションは一般にComputer-mediated communication（CMC）と呼ばれる。そのCMCの初期形態が「パソコン通信」である。国内では1970年代後半から普及し始めた。

本書はパソコン通信の全盛期に書かれ、CMCに関する社会心理学研究の先駆けと言える。当時のパソコン通信の勢い、その新しいメディアの利用状況を明らかにしたいという、著者の意気込みが感じられる内容になっている。執筆の元となったデータは、主にNIFTY-Serveというパソコン通信サービス利用者に実施された3回の調査である。

著者は強調する。パソコン通信の「上で展開されているのは「人と人」とのつながりである。だからこそ社会心理学的なアプローチを抜きにして「電子ネットワーキング」について語ることはできない」。

この20年で、CMCでできることは格段に広がった。だが、例えば、本書が指摘する3つの利用行動パターン、すなわち「情報源としての

利用」「相互作用空間としての利用」「公開ソフトの入手・提供手段」に基本的変化はみられない。結果そのものは当時のネット技術に規定された結果であり、最後のパターンは、現在では「アプリや動画、ブログの閲覧・公開」が相当しよう。機能としては自己表現であり、さらに作品を介した相互作用という側面を合わせ持つ。換言すれば、情報、コミュニケーション、自己表現がCMCの三大機能なのかもしれない。

CMCの社会心理学研究は、一見、そのときどきの技術や機能に左右される側面を含むものの、その時点時点で得られた成果には普遍的知見も含まれている。

本書を通読すると、収録されている事例やデータの古さは否めない。またパソコン通信には匿名世界ではないという特徴があり、その点で物足りなさはあるかもしれない。半面、新しいコミュニケーション現象に取り組む際のアプローチや方法論について、得られるものが多くある。

その後のCMC研究については、三浦麻子ほか『インターネット心理学のフロンティア』(誠信書房)で把握できる。CMC全般に迫った社会心理学の好著として、P. ウォレス『インターネットの心理学』(川浦康至、貝塚泉訳、NTT出版)がある。L. スプロウル、S. キースラー『コネクションズ』(加藤丈夫訳、アスキー)は、CMCの実験室研究をうまく整理してくれている。ブログに絞ったCMCは、山下清美ほか『ウェブログの心理学』(NTT出版)が詳しい。(川浦康至)

KEYWORDS

CMC、パソコン通信、インターネット、社会心理学

著者紹介 | 川上善郎　1946年生。成城大学文芸学部教授。主著に『うわさが走る』。川浦康至　1951年生。東京経済大学コミュニケーション学部教授。池田謙一　1955年生。同志社大学社会学部教授。古川良治　1961年生。成城大学社会イノベーション学部教授。

ケータイのある風景
テクノロジーの日常化を考える

松田美佐、岡部大介、伊藤瑞子 編
北大路書房、2006年、2,800円＋税

Personal, Portable, Pedestrian: Mobile Phones in Japanese Life, 2005

技術的側面ではなくケータイの社会文化的側面に着目した論文集

　2005年にMIT出版から出版された日本のケータイ文化に関する論文集 *Personal, Portable, Pedestrian* の日本語版である。ただし、本書には「日本語版によせて」に書かれているように原著のIntroduction、Chapter 3、6、14は含まれておらず、序章、第6章、7章、9章、10章は原著に対して大幅な加筆修正が行われている。さらに第3章、11章は原著には含まれていない、新しく追加された章である。

　タイトルにも「ケータイ」とあるように、本書では携帯電話とPHSをあわせて「ケータイ」と表記している。日常語であるケータイを用語として採用することには本書の基本的スタンスが表れている。モバイル技術は日進月歩のものであるが、編者は本書を編集するにあたり、「最新のケータイをめぐる研究」の論文集をめざさなかったという。つまり、ケータイの技術的な側面にフォーカスするのではなく、社会・文化的な側面に着目するというのが本書の基本的スタンスなのである。

　本書には多様なケータイ研究論文が掲載されており、それらの論文全体によってケータイの偏在する現代社会の様子が描かれている。ケータイ文化にアプローチする観点はさまざまである。若者、社会的ネットワーク、空間、ジェンダー、ワークプレイスなど、ひとくちにケータイ文化といってもさまざまな切り口から、ケータイ文化が論じられる。共通しているのは、ケータイ利用者という言わば当事者の視

点が分析されていく点である。

　本書に収録されている研究は2000年代半ば以前に行われたものである。その後、2010年代に入り、日本ではスマートフォンの急速な普及がみられていることは周知の通りだ。だが確かにスマートフォンの普及は日本のケータイ文化に影響を与えているだろうが、本書はスマートフォン普及以後のケータイ文化を読み解く上でも示唆を与えてくれる。

　編者の一人である松田美佐は1990年代からケータイ文化の研究に取り組んできた研究者である。1990年代のケータイ文化を知るには松田も著者に加わっている富田英典ほか『ポケベル・ケータイ主義！』（ジャストシステム）がよいだろう。この本は1990年代のポケベル、ケータイに関する研究書であり、本書と合わせて読むことで日本におけるケータイの文化的な流れを把握することができる。

　本書出版以降の状況も踏まえたケータイ論についてのテキストとしては、岡田朋之、松田美佐編『ケータイ社会論』（有斐閣）がある。また、普及初期の世界のモバイル文化はJ.E.カッツ、M.オークス編『絶え間なき交信の時代』（富田英典監訳、NTT出版）で知ることができる。また、川濱昇ほか編『モバイル産業論』（東京大学出版会）はケータイ産業・モバイル産業に関するよくまとまったテキストである。経済学・政策学的な観点から書かれており、本書とは違った側面からケータイを捉えることができるだろう。（北村智）

KEYWORDS

携帯電話、PHS、携帯メール、モバイルコミュニケーション

編者紹介　松田美佐　1968年生。中央大学文学部教授。専門はコミュニケーション・メディア論。岡部大介　1973年生。東京都市大学環境情報学部准教授。専門はメディア文化のエスノグラフィ。伊藤瑞子　1968年生。カリフォルニア大学人文学研究所デジタルメディア・学習研究拠点リサーチディレクター。専門は文化人類学。

CODE VERSION 2.0

ローレンス・レッシグ（山形浩生 訳）
翔泳社、2007年、2,800円＋税

CODE Version 2.0, 2006

コードによる社会統制を認めてしまっていいのか？
ネット社会に論争を呼び起こした書

　本書の初版発行は、1999年（邦訳『CODE』山形浩生、柏木亮二訳、2001年、翔泳社）であり、初版に比べて、個別事例の記述が変えられたり、必要なところに補筆されている。いちばん大きな異同は、第4部「競合する主権」が加筆され、国際的な環境下におけるインターネット規制が論じられていることである。著者は「第二版への序文」のなかで、新しい本を書くべきかどうか迷った末に、基本的な主張が変わらないのだから、初版を更新することにした、と述べている。

　本書は、インターネットが導入されて、社会による規制の総体がどのように変わるのかについて、おそらく最初に法体系の問題について、本格的に論じた書物である。

　法律、規範（社会のモラル）、市場（価格変動を通じて取引を規制）、コード（アーキテクチャ）の4つの規制の側面のうち、著者が重視するのは、最後の「コード」である。なぜならサイバー空間では、何ができるのかを決定づけるのは、コードだからである。パスワードがないとアクセスできないコードのサイト、実名でないと登録できないサイトなど、こうした規制はコード次第で導入できるからだ。

　パスワード、クッキー、デジタル署名など本人を同定できる技術はあるから、政府や産業側が規制する気になれば、いくらでも規制できるし、今後は規制されるようになるだろう。コードがより精緻化されれば、ネット上の著作権も完全に管理でき、ネット通販ももっと安全

になるだろう。

　もともと法律による規制は不完全なものだった。逮捕され刑に服する覚悟があれば、法律に違反できる。あるいは、違法に私的なコピーを作って友達にあげても見逃されてきたところがある。完全にコピー違反を監視できないし、物理的にもすべて保護するのは不可能だったから、違法状態は見逃されてきた。だが、不完全であるということが、人々の「自由」や「匿名性」を守ってきたところがある。コードによる規制が完全なものとなったら、息苦しい管理社会にたどりつくことにならないのだろうか。ある種の不完全さ（寛容さ）は、社会にとって必要なものではないのか、というのがレッシグの議論だった。

　第二版の第4部では、米国的な価値観がほかの国との摩擦を生む場合を論じている。米国憲法修正第一条によれば、ナチス関連商品をヤフーのオークションで売ることはできるが、フランスの司法当局はこれを許さなかった。異文化間の紛争を唯一の法（コード）でコントロールすることはできるのだろうか、という問いかけがなされるのである。その後レッシグは、著作権法が創造の自由を歪めていないだろうか、ラップミュージックもジャズも自由な引用の音楽ではないだろうか、と問いかける『理念の未来（The Future of Ideas）』（邦訳『コモンズ』山形浩生訳、翔泳社）などを出版し、「パブリックドメイン」の重要さを論じた。（桜井哲夫）

KEYWORDS

コード、ネット規制、著作権法、言論の自由、パブリックドメイン、コモンズ

著者紹介 | Lawrence Lessig　1961年米国生。ペンシルヴェニア大学、ケンブリッジ大学、イェール大学で学び、スタンフォード大学ロースクール教授を経て2009年よりハーバード大学法学部教授。憲法学、サイバー法学で知られる。著作物の適正な再利用の促進をめざす「クリエイティヴコモンズ」を創設した。著作権延長違憲裁判では、提訴側の弁護人を務めた。他の著作として Free Culture、Remix などがある。

インターネットの銀河系
ネット時代のビジネスと社会

マニュエル・カステル（矢澤修次郎、小山花子 訳）
東信堂、2009年、3,600円＋税

The Internet Galaxy: Reflections on the Internet, Business, and Society, 2001

▶ 技術は社会的実践から自由ではない

　本書のタイトルは、マクルーハン『グーテンベルクの銀河系（*The Gutenberg Galaxy*）』（森常治訳、みすず書房）を意識していることは間違いない。マクルーハン理論と本書をつなぐ1つのキーワードはグローバルヴィレッジである。

　インターネットはよく知られたように、1969年に米国のカリフォルニア大学ロサンジェルス校、サンタバーバラ校、スタンフォード研究所（SRI）、ユタ大学を最初のノードとして始まったが、いまや世界中をつなぐコンピュータネットワークである。インターネットは人々のコミュニケーションの障壁となる時間と空間の限界を取り除く技術であり、まさにグローバルヴィレッジを形成することのできる電子的技術であるといえる。現代のグローバル化社会を語る上で欠かせない要素の1つだろう。

　では、本当に地球はインターネットによって1つの村（地球村）になるのだろうか。もちろん、インターネットを技術的にみれば、まさにそれを可能とする期待がもてるものである。また、「グローバルヴィレッジ」はインターネットやワールドワイドウェブのメタファーとして使われさえする。だが、本書の著者であるマニュエル・カステルはそのような単純な話だとは考えていない。その主張は本書の後半の議論に特に色濃く現れる。

　第8章「インターネットと地理」ではインターネットの地理的分布

について議論される。カステルは、インターネットの地理的分布について、インフラストラクチャーの地理、ユーザーの空間的配置、生産拠点の経済的地理のいずれの観点においても、インターネットの分布には地理的偏りのあることを示していく。インターネットはテレワークを可能にするかもしれないが、インターネットが普及しても相変わらず都市に人口が集中しているし、シリコンバレーは情報通信技術の話題の中心的地域のままである。これらのことは本書の原著が出版されて十数年が経っても変わっていないものだといえる。

これに続く第9章「グローバルなデジタル・デバイド」ではインターネットを前提とした現代のネットワーク社会の経済システムにおけるデジタルデバイドの意味について議論される。デジタルデバイドに関する議論については、木村忠正『デジタルデバイドとは何か』(岩波書店)なども参考になるだろう。

この他、文化、経済、政治についての本書前半の分析も、原著の出版から時の経ったいまでも一読に値する。本書を通して示されていくのは、インターネットは自由の技術だが、インターネット以前からの社会システムから決して自由ではないということである。

カステルの著作には邦訳が多い。論文集『都市・情報・グローバル経済』(大澤喜信訳、青木書店)では、カステルの議論を概観できる。情報社会論に関する著作でも、ペッカ・ヒネマンとの共著『情報社会と福祉国家』(高橋睦子訳、ミネルヴァ書房)がある。(北村智)

KEYWORDS
インターネット、情報社会、情報経済、グローバルヴィレッジ

著者紹介 | Manuel Castells　1942年生。スペイン出身の社会学者である。現在はカタルーニャオープン大学、南カリフォルニア大学など複数の大学に籍を有しており、カリフォルニア大学バークレー校名誉教授でもある。マルクス主義に依拠した新都市社会学の旗手として知られ、現在は情報社会論の著作が多い。

閉じこもるインターネット
グーグル・パーソナライズ・民主主義

イーライ・パリサー（井口耕二 訳）
早川書房、2012年、2,000円＋税

The Filter Bubble: What the Internet Is Hiding from You, 2011

▶ 情報技術による効率性追求がもたらす「落とし穴」

　いまやインターネット上には膨大な情報が溢れている。2008年7月25日のグーグル公式ブログでは、グーグル社が把握するウェブ上のURL数が1兆ページを超えたことが報告された。もちろん、それ以降もウェブ上の情報は増え続けている。インターネットは不特定多数に対する個人の情報発信を容易にしたが、インターネットの普及にともない、ウェブ上の情報爆発は止まらなくなった。

　このような溢れる情報のなかから自分に必要な情報を見つけることは非常に難しい。このような状況を情報過多と呼び、情報過多の問題を解決することがインターネットの技術的発展を支える情報通信工学分野の1つの課題となっている。そしてその分野では情報検索支援技術の開発が推し進められてきた。これはインターネットの利用をより快適にしようとする試みである。その結果、グーグルで利用されているような検索システムや、アマゾンで利用されているような推薦システムの技術が発展した。これらの情報フィルタリングの技術ではパーソナライズ技術、つまり情報の個人化技術が活用されている。このパーソナライズこそがパリサーが問題にするポイントである。

　情報の個人化は利便性、効率性の向上を追求するなかで必要とされたものである。そのメリットはわかりやすい。情報をパーソナライズされる個人にとっては、自分が必要とする情報が手に入りやすくなる。例えば、アマゾンではわざわざ探さなくても、自分の読みたい新

刊を推薦してもらえる。また、パーソナライズして情報を提供する側にとっては広告表示の効率化などのメリットがある。

しかし、パリサーが指摘するのは効率性とは異なる次元でのデメリットである。例えば、情報の個人化にはしばしば利用者が気づかない間に個人情報が利用されるプライバシーの問題が伴う。また情報サービスのなかには利用者の望まない設定が標準となっている場合もあるし、利用者による設定変更ではコントロールできない部分もある。自分の好みにあった情報に接触しやすくなることは、異質な情報への接触機会が減少する可能性を生む。このことは、新しいアイディアを生む刺激に触れる機会を減らしてしまうかもしれない。気づかぬ間にそのようなフィルタリングが行われることも情報技術は可能にする。

もちろん、情報技術のもつネガティブな可能性をもとにして、現代の「ラッダイト運動」を行っても意味がない。ただ、ネガティブな可能性を検討する価値はあるだろう。この本は情報技術の利便性がもたらす落とし穴を考えさせてくれる本である。

好みや価値観で分断されたネット空間が民主主義社会に対してもたらす影響を論じた書籍として、C.サンスティーン『インターネットは民主主義の敵か』(石川幸憲訳、毎日新聞社)がある。個人化技術を直接扱ってはいないが、インターネット利用による社会の断片化についての実証的検討として、小林哲郎『寛容な社会を支える情報通信技術』(多賀出版)も参考になるだろう。(北村智)

KEYWORDS
情報フィルタリング、個人化、情報技術、効率性

著者紹介 | Eli Pariser 1980生。米国メイン州リンカンヴィル出身の活動家、著述家である。米国最大規模のリベラル系市民政治団体「ムーブオン」(MoveOn.org)のエグゼクティブディレクターを経て、理事会長を務めている。本書の内容でTED講演(http://www.ted.com/talks/eli_pariser_beware_online_filter_bubbles.html)も行った。

火星からの侵入
パニックの社会心理学

H. キャントリル（斎藤耕二、菊池章夫 訳）
川島書店、1985年

The Invasion from Mars: A Study in the Psychology of Panic, 1940

▶ 社会心理学者によるラジオ番組が引き起こした パニック現象の検証

パニック状況において人はどんな行動をとるのだろうか？ またなぜあるものはパニックに陥り、あるものは冷静な対処を行うことができるのだろうか？ 1938年10月30日の夜、米国のラジオ放送で実際に起きた未曾有の出来事からこのメカニズムを探った事例研究が本書では紹介されている。

その日、米国はハロウィーンと呼ばれる祝日で、その夜のコロンビア放送のマーキュリー放送劇場では、H. G. ウェルズの『宇宙戦争』（中村融訳、創元SF文庫）という物語をラジオドラマ化した番組が、名優オーソン・ウェルズたちによってオンエアされていた（この音源はInternet Archiveにある https://archive.org/details/OrsonWellesMrBruns）。

このエピソードのあらすじは火星人が地球を襲うというもので、SFファンタジーでありながら、その番組はまるで本物のように精巧に作られていた。なかでもそのニュース中継の場面を聴いた多くのリスナーたちのなかから、宇宙人が攻め入り自分たちの生活を脅かすに違いないと信じ込みパニックに陥る者たちが続出したという。またそのような現象は全米各地で見られた。

この出来事は翌日の朝刊のトップを飾ったが、それはまた社会心理学者にとって、パニック状況における人間行動のメカニズムを探る絶好の機会でもあった。キャントリルはこの夜のリスナー135人へのインタビューを実施し、なぜラジオで放送されている作り物であるとわ

かって聴いていた多くのものたちが、あたかも自分の生活を脅かすものであるかのように信じ込むようになってしまったのかを調べた。

ここでは、パニック行動の抑止を可能にする各個人の批判能力の有無をもっとも左右したのはリスナーそれぞれの感受性であったことがわかった。すなわち、暗示を受けやすいものほど、恐ろしい怪物が反撃に出た軍隊を殺人光線で死滅させてしまったと信じ込み、世界の終りが近づいていると恐怖におののいたのである。

さらに、各個人のラジオドラマ聴取状況もリスナーたちの批判能力を左右したこともわかった。ラジオの世帯普及率が80パーセントに迫るほどであった当時の米国において、各家庭における各リスナーの聴取状況は多種多様であったが、身近な他者のパニック行動によって、あるものは恐怖心がさらに喚起させられ、あるものはすでに抱いていた不安感が補強・拡大され、その結果パニック行動が増幅されたのである。

各リスナー個人の先有傾向や準拠集団からの影響に加えて、キャントリルは歴史の流れが大きく変わろうとしていた当時の米国社会全体を覆っていた空気もその理由として挙げている。この番組が放送されるまでの数か月、米国国民には、欧州におけるナチスの台頭が繰り返し伝えられており、米国国民には迫り来る戦争への潜在的な恐怖感が培われていた。キャントリルはこのような米国国民の心理的な文脈がパニック発生の土壌となり得たことも指摘している。（長谷川倫子）

KEYWORDS
大衆心理、ラジオリスナー、パニック行動、批判能力

著者紹介 | Hadley Cantril　1906年生、1969年没。米国の著名な社会心理学者。ダートマス大学で教鞭を取り、1936年からプリンストン大学へ。ここでは心理学を教えるかたわら、世論調査所の設立にも携わる。また、ユネスコや大統領のアドバイザーなど多方面の活動も行った。

パーソナル・インフルエンス
オピニオン・リーダーと人びとの意思決定

E. カッツ、P. F. ラザースフェルド（竹内郁郎 訳）
培風館、1965年

Personal Influence: The Part Played by People in the Flow of Mass Communications, 1955

マスメディアからの情報とオピニオンリーダー

　友人、家族、近隣といった各個人を取り巻く小集団のなかで、ごく日常的な事柄に関するマスメディアからの情報はどのように各個人にまでたどり着くのか、またそれぞれの意見形成や意思決定において、何がもっとも影響を与える要因であるかを探ろうとしたのが本研究である。これはまた、この研究に先駆けて、ラザースフェルドらが1940年に実施したパネル調査（同じ対象者に繰り返しインタビューやアンケート調査を行う社会調査の方法）をさらに発展させたものである。

　米国では、4年ごとに大統領選挙が実施される。例年その年の初頭から予備選挙が各地で始まり、夏までには絞り込まれた大統領候補が各党大会で指名され、11月の本投票までのキャンペーン活動にはほぼ1年が費やされる。その長きにわたる期間において、有権者の投票意図がどのように変遷し、それに対してマスメディアはどのような影響力を発揮するのかを時系列に検証したのが1940年の先行研究であった。

　この先行研究で得られた知見は、投票意図の決定にはラジオや新聞などの印刷物などのマスメディアよりも、家族や友人などの対人関係の方が威力を発揮し、なかでもそれぞれの小集団のなかに存在するオピニオンリーダーの役割が意思決定に大きな影響力をもつというものであった。すなわち、マスメディアからの情報の流れは、個人それぞれに直接的に向かうのではなく、小集団のなかで周りから一目置かれ

る存在でもあるオピニオンリーダーを媒介して各個人に情報が到達することがわかり、コミュニケーションの「2段の流れ」と命名された (P. F. ラザースフェルドほか『ピープルズ・チョイス』有吉広介監訳、芦書房)。この1940年の大統領選挙キャンペーンの研究を踏まえて、さらに日常生活のなかで、人びとがさまざまな選択をする場面においても2段の流れの仮説が一般化できるかどうかを検証した研究成果が本書である。ここで、カッツとラザースフェルドは、(1)買い物、(2)流行、(3)社会的政治的問題への意見形成、(4)映画の選択の4項目を選び、ごく日常的な事柄の意思決定における第一次集団からの影響の流れの解明を目指した。

その調査対象地には、米国のごく一般的な都市のカテゴリーにあてはまるイリノイ州ディケーター市が選ばれ、そこに在住する女性800人への面接調査に続き、そのなかから選出された634人にさらに追跡調査が行われた。その方法は回答者が影響を受けたとしている相手を確認するという厳密なものであった。

ここで得られた知見も2段の流れと対人関係の役割を示すものであった。集団内のどのレベルにおいても、他者に対して情報を個人的に伝達し、意思決定における案内役となるオピニオンリーダーが存在し、各個人の意見形成や変更にあたっては、インフォーマルな集団からの情報が大きな影響力をもち、マスメディアよりも個人的な影響力の方が優位であることがここでも確認されたのである。(長谷川倫子)

KEYWORDS
2段の流れ、オピニオンリーダー、インフォーマルな集団、意見形成

著者紹介 | Elihu Katz　1926年生。米国とイスラエルの社会学者。コロンビア大学でラザースフェルドに師事。Paul F. Lazarsfeld　1901年生、1976年没。マスメディアの受け手への影響研究のパイオニア。1933年オーストリアのウィーンからロックフェラーフェローシップを得て渡米、米国に留まり戦後のマスコミュニケーション研究の発展に貢献。

増補版 メディアの議題設定機能
マスコミ効果研究における理論と実証

竹下俊郎
学文社、2008年、3,000円+税

マスメディアが提示する世界と受け手の現実認識との関係性

「議題設定機能」(agenda-setting function of mass media) とは、1968年の米大統領選挙キャンペーン期間中に、M.E.マコームズとD.ショーが米国のチャペルヒルで実施した調査 (対象者100名) から導き出したものである。たとえマスメディアは人びとの価値観を変えることはできなくても、人びとがもつ現実認識に何らかの効果を与えることが可能であることを示唆する仮説である。

日頃私たちがマスメディアを通じて見聞きしているのは、現実の世界からそれぞれのメディアが選別し加工した世界である。マスメディアの進化は、私たちが直接自らの五感を駆使して触れることのできない多くの事物や事柄を、それぞれの手元に送り届けてくれることを可能にした。今日マスメディアが描き出している世界はマスメディアに選ばれた断片の寄せ集めに過ぎないにもかかわらず、それらは私たちの重要な情報源や社会環境の一部となっている。

マコームズらは、B.コーエンの「プレスは人びとの価値観 (What to think) を変えることに成功していないが、何について考えるべきであるのか (What to think about) を伝えるという点でその力を発揮する」という言説を出発点に、マスメディアがある出来事に注目しそれを取り上げたことで、受け手はそのテーマやトピックへの関心をもつようになることを検証した。

彼らのデータは「有権者がその選挙において重要な争点であると考

えるもの」と、同じ期間中のメディアにおける「公共的争点の出現頻度」との間に相関関係が示すものであったことから、「ある争点がメディアにおいて顕出的であればあるほど、受け手の側でもその争点を顕出的と見なす人が多くなる」という知見を得るに至ったのである。マスメディアは、受け手に何が重要な争点であるのかを思い起こさせてくれるのに有効であることから、「議題設定機能」として発表された。その後も世界中の研究者によって繰り返しこの仮説を検証する調査が行われ、その数は400ケースを超えるまでになっている。

本書では、この仮説が登場するまでの米国におけるマスメディアの影響と効果をめぐる研究の流れも詳述されている。戦時期において、大衆動員を可能にするマスメディアは魔法の弾丸のように即効でその威力を発揮すると考えられていたが、さらに、ラザースフェルドらの大統領選挙におけるマスメディアの影響を検証した調査から、マスメディアからの情報はオピニオンリーダーを通じて伝えられ、受け手の先有傾向や所属する集団のなかのパーソナルコミュニケーションの方が人びとの態度や価値観を変えるのに効力をもつとした研究に注目が集まった(カッツほか『パーソナル・インフルエンス』竹内土郁郎訳、培風館)。本書の研究はさらにこれらを発展させたものでもある。マコームズたちの研究までの流れは、「議題設定機能」の意義への理解が深まるものとなるだろう。議題設定機能については、D.H.ウィーバーほか『マスコミが世論を決める』(竹下俊郎訳、勁草書房)も参考になる。(長谷川倫子)

KEYWORDS
議題設定機能、選挙における争点、投票行動、現実認識

著者紹介 | 1955年生。東京大学新聞研究所助手、東海大学文学部講師、筑波大学現代語・現代文化学系助教授を経て、現在、明治大学政治経済学部教授。研究分野はマスコミュニケーション論、政治コミュニケーション論、世論研究。1999年大川出版賞受賞。共著に『メディアと政治』(蒲島郁夫ほか訳、有斐閣)など。

沈黙の螺旋理論 改訂復刻版
世論形成過程の社会心理学

E. ノエル=ノイマン（池田謙一、安野智子 訳）
北大路書房、2013年、4,700円＋税

The Spiral of Silence: Public Opinion - Our Social Skin(Die Schweigespirale), 1993

▶ 同調を求める社会的圧力によって形成される世論と個人

　世論は流動的なものであるが、短い期間の活動によってその結果が出される選挙キャンペーン期間中では、マスメディアやそれによって作り出される世論の影響力は計り知れないものがある。ドイツの政治学者ノエル=ノイマンの研究の出発点は、1965年の連邦議会選挙であった。この選挙では、前評判では2つの政党が拮抗しているといわれていたにもかかわらず、選挙の投票日が迫ってくると「どたん場のなだれ現象」によって、キリスト教民主同盟の支持率が一方的に上昇するに至った。その原因を、社会心理学的な視点から探り、導き出されたのがこの「沈黙の螺旋（らせん）理論」である。

　ノエル=ノイマンにとっての世論は、ある争点に対して個人が公然と表明できる意見のことを意味しているが、ここでまず着目したのは、どの社会にも存在する同調圧力である。集団のなかで自分が少数派となったとき、誰もが孤立させられることに恐怖感を抱きがちである。それは、人は常に自らが所属する社会や集団全体の人びとの心の動向を感知しながら、そのなかにある自分の立ち位置を探りながら意見表明を行うからである。

　このような「意見風土（climate of opinion）」ともいうべきそのときの世論において、自らの意見とは異なる意見が優勢となり、自分が少数派であると思い始めると、次第にそのような人たちは公の場での意見の表明を避けるようになる。その結果としてさらに、多数派の意見が

より顕著となり、少数派の意見表明は螺旋を描くように消え去っていく。このさまをノエル＝ノイマンは「沈黙の螺旋（spiral of silence）」とした。

　マスメディアもこのような意見風土形成の協力者となる。複数のメディアが類似した内容をあまねく繰り返し伝えることで、受け手の人びとはそれが優勢であると認知するようになる。マスメディアはある1つの見解を選び、それを社会に共有された意見として提示することで世論を作り出しているに過ぎないのにもかかわらず、ある意見や見解がマスメディアに登場することで、それは多数派意見とみなされるようになるのである。その継続的な提示によって、自分以外の他者のほとんどが優勢な意見を支持していると少数派は考え、公への自らの意思表示を躊躇し沈黙するようになる。社会を覆い尽くすこのような空気が世論の動向と見なされることで、優勢な意見が席巻し、あたかも少数意見がまるでらせんを描くように消滅してしまったかのように見えるのである。

　このような状況においても、現実の世界を見て自分で判断した世論像が社会の多数派のものと不一致であるとして、公然と多数派意見に反対表明を行うものもいる。またここで沈黙し続ける者たちの意見や見解は消滅するわけではなく、時代の流れや世の中の風潮の変化とともに再浮上し、それが優勢な意見として席巻することもある。（長谷川倫子）

KEYWORDS
世論、同調への圧力、孤立への恐怖、意見風土

著者紹介 | Elisabeth Noelle-Neumann　1916年生、2010年没。ドイツの政治学者。西独・マインツのグーテンベルク大学の新聞研究所で20年あまり教鞭を取る一方で、アレンスバッハ世論調査研究所の設立者として世論調査にも携わる。研究者でありながら、世論調査に精通した実務家として活躍した経験を活かし、社会心理学から世論のダイナミズムのモデル化を試みた。

世論 上・下

W.リップマン（掛川トミ子 訳）
岩波文庫、1987年、上720円+税／下840円+税

Public Opinion, 1922

イメージの観点からみる人間と環境の基本的関係

　本書は第一次世界大戦後の時代、つまり90年以上前に書かれた古典であり、メディア研究の最重要文献の1つとして位置づけられる。古典ではあるが、リップマンによる人間と環境の基本的関係の整理はメディアの状況が大きく変わった現代もなお有効な観点である。

　リップマンは人間の認識について、「自分たちがかってに実像だと信じているにすぎないものを、ことごとく環境そのものであるかのように扱っていることには気づいていないのである」（上巻15ページ）と述べる。人間と環境の基本的関係を整理するための概念が疑似環境（pseudo-environment）である。この疑似環境とは現実環境（現実の世界）に対して人々が頭のなかで描くイメージ（表象の世界）のことを指す。人間は現実環境を正確には認識できず、あくまでも疑似環境として認識される。人間の行動は疑似環境にもとづいて行われるが、それは現実環境に対して作用するのである。

　このリップマンによる認識論はマスコミュニケーション研究の基盤となっている。1970年代以降に発展した強力効果論における、マコームズとショーによるメディアの議題設定機能や、ガーブナーによる培養分析は、疑似環境の形成に対してマスメディアが与える影響の議論として位置づけることができるだろう。また日本では、藤竹暁による擬似環境の環境化という理論的発展もよく知られている。

　もう1つの重要概念に「ステレオタイプ」がある。この「ステレオ

タイプ」は人の知覚作用に必然的に伴う固定した習性を指し、リップマンは「われわれが見る事実はわれわれの置かれている場所、われわれが物を見る目の習慣に左右される」(上巻110ページ)、「われわれはたいていの場合、見てから定義しないで、定義してから見る。」(上巻111ページ) と看破した。『世論』の出版から数十年後に認知科学が発展するが、この「ステレオタイプ」は認知科学におけるスキーマ (schema) 概念を先取りしたものと言える (なお、「ステレオタイプ」という言葉自体はリップマンの用法とは異なる形で心理学概念として定着した)。

下巻の第七部ではリップマンの新聞、ニュースに対する考えが披露される。リップマンはニュースの本質について「ニュースは社会状況の全面を映す鏡ではなくて、ひとりでに突出してきたある一面についての報告である」(下巻193ページ) と述べる。「読者に届けられる新聞は、ひと通りの選択がすべて終ったその結果である」(下巻209ページ)、「新聞はサーチライトのようなもので、休みなく動き回りながら暗闇のなかに一つまた一つとエピソードを浮かび上がらせる」(下巻221ページ) といった言葉にリップマンのジャーナリズム論が表れている。

「人々が頭のなかで描くイメージ」に関する現代的議論は、池田謙一『新版 社会のイメージの心理学』(サイエンス社) などを読むことで、理解が深まるだろう。本稿ではあまり触れなかったがリップマンの民主主義論については『幻の公衆』(河崎吉紀訳、柏書房) もあわせて読むとよい。(北村智)

KEYWORDS
疑似環境、スキーマ、ジャーナリズム、民主主義

著者紹介 | Walter Lippmann　1889年ニューヨーク生、1974年没。ハーバード大学出身の著述家、ジャーナリスト。1958年、1962年の2度、ピューリッツァー賞を受賞。20世紀最高のジャーナリストと讃えられる。本書の原著 *Public Opinion* はプロジェクトグーテンベルクによって電子書籍としてインターネット上で公開されている (http://www.gutenberg.org/ebooks/6465)。

幻影(イメージ)の時代
マスコミが製造する事実

ダニエル J.ブーアスティン（星野郁美、後藤和彦 訳）
東京創元社、1974年、2,200円＋税

The Image: or, What Happened to the American Dream, 1962

いま世の中を動かすものは
報道されるために仕組まれた "疑似イベント"

　1960年9月26日、米大統領選挙において、初めてのテレビ討論が行われた。ケネディ対ニクソンの対決であった。ニクソンは優勢であったが、体調が悪く、テレビ映りを意識したスーツの選択やメーキャップもしなかった。1億7,900万人の米国国民のうち、7,000万人がテレビ討論を見たが、映像を見て、ケネディへと流れが変わったといわれている。原著は、テレビ討論の2年後に発刊された。理想を軸に建国された米国が、イメージによって動かされる国になってしまったという慨嘆が、本書の根底にはある。

　それから半世紀、本書で書かれていることは、当たり前のことばかりだと思う読者も多いだろう。それほどにメディアの発達は、社会を変容させたといえる。

　本書の中心になる考えは、疑似イベントという言葉である。「合成的な出来事（イベント）がわれわれの経験には充満しているが、私はそれを「疑似イベント pseudo-events」と呼ぶことにする」（17ページ）と定義される。疑似イベントは、メディアで取り上げられることを目的として、誰かが作り出す。したがって、なぜ、そうしたイベントが仕組まれたかを考えることが重要になる。また、疑似イベントは、報道されることで、結果的に「予言通りの現実が生まれてしまう」という性格ももっている。

　本書では、「人間の疑似イベント」として有名人（セレブ）を取り上

げる。実績に裏づけられた「英雄」ではなく、「有名だから有名」という人が、「有名人」である。あるいは、旅行というものが、訪れた土地の「作られたイメージ」を追体験する疑似イベントになってしまったことも指摘される。ブーアスティンは、「疑似理想 pseudo-ideal」のことをイメージと呼ぶ(本書ではイメジと表記される)。米国は、理想(アイデアル)の上に作られたはずなのに、疑似理想(イメージ)で左右されるようになったと、著者は嘆くのである。

イメージが支配的になると、日常生活の区分もあいまいになる。「こことあそこという場所の区別も消えた。映画とテレビのおかげで、きょうはきのうになりうるし、ここにいながらにしてどこにでもいることができるのである」(240ページ)という記述があるが、「映画とテレビ」に、「インターネット」も加えるならば、この傾向はますます進行していることがわかるだろう。

たとえば、天災や大事故は、疑似の出来事ではない。通常、誰かが仕組んでいるわけでもない。だが、その後の報道においては、各種の利害が絡み、疑似イベントとして展開されることも多い。あらゆることが、疑似イベント化するなかで、著者は、「イメジの未知のジャングルを見抜くこと」をすすめる。そうすれば、「ひとりひとりが、行きたいと思う目的地を自分で決めることができるであろう」(275ページ)と本書を結ぶのである。(関沢英彦)

KEYWORDS
疑似イベント、イメージ、有名人、観光

著者紹介 | Daniel J. Boorstin 1914年生、2004年没。法律家、歴史家、作家。シカゴ大学教授を務めるとともに、国立アメリカ歴史博物館の館長、連邦議会図書館長なども兼任した。『アメリカ人』(新川健三郎ほか訳、河出書房新社)、『過剰化社会』(後藤和彦訳、東京創元社)、『創造者たち』(立原宏要ほか訳、集英社)などがある。

孤独な群衆 上・下

デイヴィッド・リースマン（加藤秀俊 訳）
みすず書房、2013年、上・下各3,200円＋税

The Lonely Crowed: A Study of the Changing American Character, 1961

情報社会の到来とそこに生きる人びとがともにもつ社会的性格をいち早く適格に予言した書

　個人にそれぞれ特徴的な性格があるように、社会にも、そこにいる人たちに共通に分け持たれた性格がある。それを「社会的性格」というが、リースマンは近代社会を中心にして、それ以前の中世の社会、そして近代化が進んだ現代の社会を時代的に大きく分けて、それぞれに特徴的な「社会的性格」を考えた。この本はその「社会的性格」を、「伝統指向型」（中世の社会）、「内部指向型」（近代社会）、そして「他人指向型」（現代社会）と名づけて、それぞれの特徴について分析したものである。

　中世までの社会は大きな変化のない、伝統的な決まりや習慣が受け継がれることを特徴にした。わからないことがあれば、問題が生じれば、これまでどのように考えられ、対処されてきたかを参考にする。その知恵や知識を持っているのは、長く生きてきた老人たちだった。

　ヨーロッパで宗教改革や産業革命を契機として起こった大きな社会変容を「近代化」という。ここにはもちろん、コロンブスに端を発する大航海時代とヨーロッパ列強による新世界の植民地化競争があった。そんな大きな社会変化のなかで生まれたのは、伝統ではなく、新しい知識や技術をもとにした理想や野望だった。リースマンはそのような特徴を「内部指向型」と呼び、未知の世界に向けて船を漕ぎ出すために必要なのは方向を適格に見定めることができる「羅針盤」で、それを取得した個人こそが、近代社会の先導役を担うことができたと

分析をしている。

　しかし、近代化が進んだ現代社会においては社会の変化はきわめて激しく、また多様である。そのような社会では、遠大な理想や固い信念に基づいて行動したのでは、方向を間違えたり、見失ったりしかねない。したがって、道筋をうまく見つけるためには、周囲の人たちの考えや行動、世の中の動向を把握するための情報に注意を向ける必要がある。リースマンは、そのような要請に基づいて社会に広まった性格を「他人指向型」と呼んだ。

　リースマンが指摘したように、現代社会が「他人指向型」という「社会的性格」を有しているのは確実である。パソコンやスマートフォンを使ってインターネットに常時つながっている私たちの生活は、まさにうまく生きるための指針が他人の動きにこそあると考えているからである。ただし、リースマンがこの性格を指摘したのは、いまから半世紀も前のことで、米国でやっとテレビが普及した時代だった。その意味で、この本は近代化以後の社会の特徴を見事に予言した傑作だといえる。

　ところで、他者とのコミュニケーションの需要性を自覚し、実践する現代人がなぜ、「孤独な群衆」になるのだろうか。これはぜひ、この本を読んで、自分で確かめてほしい。（渡辺潤）

KEYWORDS
社会的性格、伝統指向型、内部指向型、他人指向型

著者紹介｜David Riesman　1909年米国フィラデルフィア生、2002年没。ハーバード大学で生化学と法学を専攻し、弁護士、法律学校の教師を経て、シカゴ大学、ハーバード大学で社会学を教える。『何のための豊かさ』（加藤秀俊訳、みすず書房）、『個人主義の再検討』（國弘正雄、牧野宏訳、ぺりかん社）など、多数の著作がある。

情報の文明学

梅棹忠夫
中公文庫、1999年、686円＋税

▶ 人類が到達しうる文明の可能性を展望する

　本書は、1961年から1988年の論文をまとめた梅棹忠夫の論文集で、1988年に刊行されたものの文庫版である。ただし、論文のうち最後にある「情報の文明学」と「情報の考現学」は、それまで蓄積していた大量のメモを、刊行を機に論文としてまとめ上げたものである。

　論文の切り口としたのは発生学で、人類の産業史にある三段階を、農業の時代、工業の時代、精神産業の時代と名付け、この3つの時代の生物学的な意味づけを行い、発生学的な概念を適用して論じている。たとえば、工業の時代は、人間の手足を使った労働、すなわち筋肉を中心とする活動代行する時代と捉え、徒歩による移動から自動車や鉄道に変化し、手作業による家事が洗濯機や掃除機に移行したとしている。

　工業の時代の次におとずれる精神産業の時代は、脳や感覚器官の機能を拡充する時代で、情報化時代の到来を予言した。1962年に書かれた「情報産業論」では、この時代を情報産業の時代といって、情報産業という言葉を日本で初めて用いた。そのほか情報化時代の到来を予言した人物に『第三の波』(鈴木健次ほか訳、NHK出版)を書いたアルビン・トフラーがいる。彼がこれを出版したのは1980年のことであるから、本論文はトフラーより10年以上先んじていたことになる。1960年代の日本は、所得倍増計画が始まり、カラーテレビが出始めた時代で、インターネットはもちろんなかった。

1971年に書きためていた大量のメモを1988年に正式に刊行した「情報の文明学」という論文では、「情報とは何か。人間にとって情報とは何か」というテーマで、軍事情報、産業情報などの実用的な情報だけではなく、無意味な情報も多く存在することも論じている。有名な「コンニャク情報」がその1つである。

　「情報の文明学」という論文の最後には「文明の情報史観」として、情報による価値の大転換を予言し、「工業の時代のはじまりとともに、人類は価値のあたらしい基準を発見したように感じた。工業は人間の環境をかえ、制度、組織をかえた。それは価値の大転換をもたらした。しかし、それはほんとうに大転換であったかどうか。それは単に、情報という、より根源的な価値転換の先駆形態であったのかもしれない。あたらしい時代において、情報は人間の装置、制度、組織に、いっそう根本的な変革をもたらすであろう。人間はそのときこそ、根本的な価値の大転換を経験するであろう」と結んでいる。現在から見てもまさに示唆に富んだ指摘である。

　本書の内容が40年以上も前に書かれたということが信じられないのだが、高度に発展した現在の情報社会においても読み返すたびにいまなお新しい発見を与えるものであり、改めて新鮮さをも感じることができる名著である。梅棹の他の著作では、『知的生産の技術』(岩波新書)はベストセラーになった。1990年初頭までの主な著作は『梅棹忠夫著作集』(全22巻、中央公論社)に収録されている。(安藤明之)

KEYWORDS
情報産業、産業史、情報経済学、コンニャク情報、考現学

著者紹介 | 1920年生、2010年没。京都市生まれの生態学者、民族学者。京都帝国大学卒業。学生時代の白頭山登山および大興安嶺探検隊への参加以来、調査・探検の足跡は広く地球上の各地におよぶ。京都大学人文科学研究所教授、国立民族学博物館長を経て、国立民族学博物館名誉教授、総合研究大学院大学名誉教授、京都大学名誉教授。専攻は民族学、比較文明学。理学博士。1994年に文化勲章を受章する。

社会は情報化の夢を見る
［新世紀版］ノイマンの夢・近代の欲望

佐藤俊樹
河出文庫、2010年、950円＋税

▶ 新しい情報技術は本当に社会を変えるのか？

　本書は、1996年に講談社から出版された『ノイマンの夢・近代の欲望』の増補・改訂版である。この新版出版にあたっての大きな変更点は、第5章のあとに補章「情報化社会その後　一五年後の未来から」が付け加えられたことだ。そのほか、初版が出版された1996年から新版出版の2010年への、時代の変化に合わせた細かい書き直しが行われている。

　この本の主題は「情報化社会論」である。しかし、よくありそうな情報化社会論の本とは異なり、社会の情報化を論じる本ではない。「新しい情報技術が社会を変える」という「情報化社会論」を論じる、いわばメタ的な議論を行う本である。

　著者はまず、「情報化社会がもうすぐやって来る」という言説が1970年代から繰り返し用いられてきたことを示していく。もちろん、同じ言葉で繰り返されてきたのではなく、「情報化社会」の部分は「高度情報化社会」「情報ネットワーク社会」と言い換えられながら、本質は変わらないまま繰り返されてきたのだという。

　続けて、情報技術と社会の関係を、情報技術と個人の関係、情報技術と組織の関係に分けて、具体的に検証していく。この過程で、「情報技術が個人・組織を変える」という形で説明されてきた「変化」の正体が解明されていく。

　そして、こうした作業を通して「情報化社会」が神話であり、夢

であることが示されていく。著者によれば、「情報化社会」は「いま」が近代産業社会であるからこそ見てしまう「夢」であるという。そして、この「夢」がもつ社会的機能が論じられていく。

ここまでは1996年版『ノイマンの夢・近代の欲望』にも含まれていた内容である。先に紹介したように、「新世紀版」である本書には、新たに付け加えられた補章がある。ここでは初版出版から新版出版までの14年間で、情報化社会論に関して変わったものと変わらないものが解説されている。

著者によれば、この本の初版が書かれたときに想定された「耐用年数」は「10年」であったそうである。しかしながら、それを超えた14年後に新版が出版された。これからこの本を読む者は、この本を読む時点においてこの本の耐用年数は過ぎたか否かを問いながら読んでいく必要があるだろう。そして、過ぎていないのだとすれば、この本の耐用年数が切れるときは来るかと問うてもよいだろう。少なくとも、2013年現在において、情報通信技術と社会の関係を考える上で、この本は基本図書の1冊として必読であると言ってよい。

この本の主題となっている「情報(化)社会論」についてはさまざまな書籍が刊行されている。概観する上では、田畑暁生『情報社会論の展開』(北樹出版)がよい道標になるだろう。また、近年の日本における情報通信政策を知るには、総務省『情報通信白書』(ぎょうせい)を通して読むとよいだろう。(北村智)

KEYWORDS
情報社会論、技術決定論、近代産業社会、情報通信技術

著者紹介

1963年生。広島県出身の社会学者で、東京工業大学助教授を経て、現在、東京大学大学院総合文化研究科教授。専攻は比較社会学・日本社会論。著書に『近代・組織・資本主義』(ミネルヴァ書房)、『不平等社会日本』(中公新書)、『意味とシステム』(勁草書房)、『社会学の方法』(ミネルヴァ書房)など。

メディア論
人間拡張の諸相

マーシャル・マクルーハン（栗原裕、河本仲聖 訳）
みすず書房、1987年、5,800円+税

Understanding Media: The Extensions of Man, 1964

▶「メディア」であることを規定する条件とは？

　「メディア論」という言葉を目にしたとき、私たちがまず思い浮かべるのは、すでに私たちの社会にメディアとして認知されている「何か」── テレビ、電話、インターネットなど ── であり、「何をもってそれらがメディアとして認識されているのか」は必ずしも積極的に議論されることはない。ところが本書では、むしろ「メディアとは人間の諸器官の拡張である」というメディアを規定する条件そのものが、具体的な事例を通して繰り返し提示されていく。たとえば、「衣服」は皮膚の持つ体温調整の機能を身体の外部へと拡張したメディアであり、空間の拡張とともに、「住宅」「都市」も同様の機能を共有するメディアと見なすことができるという具合に。このようなマクルーハンの見方からは、2つの示唆が得られる。

　まずは、メディアの変容を、単なる技術革新の歴史を超えた私たちを取り巻く文化の変容として理解しよう試みる視点だ。たとえば、「メディアはメッセージである」（第1節）は、北米で主流であったコミュニケーションにおける「内容」の伝達を重視した研究に対して、メディアが私たちの諸感覚を編成する「形式」への注目を促している。そのうえで「熱いメディアと冷たいメディア」（第2節）では、「活字（アルファベット）文化」から「電気的メディア（テレビ）文化」への移行が、各時代の文化が反映する「感覚の比率」の変容を伴うことを指摘するのである。上述の節のタイトルは、その印象的な言い回しから

キャッチフレーズとして消費されたきらいはあるが、あるメディアの特性に依拠した個々の文化の固有性を描こうとする姿勢は、『声の文化と文字の文化』(桜井直文ほか訳、藤原書店)のウォルター J. オングや、『メディアの文明史』(久保秀幹訳、新曜社)を著したハロルド A. イニスと同様、当時のトロントを中心としたカナダのメディア研究の動向を反映していたと言えるだろう。

2点目に得られる示唆は、メディア研究の面白さはその「対象」にだけではなく、その「方法」にも宿る点だ。マクルーハンにとってテレビというメディアが注目に値したのは、当時の北米社会で急速にテレビが普及しつつあったという事実そのものによるのではない。むしろ、北米での電子メディアへの移行へのプロセスが、旧来のテクストメディアからの連続性と断絶において、メディア研究の「方法」を前景化させたからだろうと思う。その意味でも、ある対象を「メディア」として研究すること自体の認識利得を自覚するための教科書として、本書を役立てていくことができるだろう。

最後に、本書の紹介ではあまり触れられることがないのが、新たなメディアの予言者として言及される芸術家の位置づけである。特に、代表的なキュビズムの画家として知られるジョルジュ・ブラックは、電気的メディアの時代を先取りした画家として繰り返し言及がなされる。この点に関連して、門林岳史『ホワッチャドゥーイン、マーシャル・マクルーハン?』(NTT出版)をすすめたい。(光岡寿郎)

KEYWORDS
メディア、メッセージ、テレビ、活字、感覚の比率

著者紹介 | Herbert Marshall McLuhan　1911年生、1980年没。トロント大学教授。ケンブリッジ大学で学位を取得し、ウイスコンシン大学やセントルイス大学などを経て同職。もともとは英文学者であったが、1951年に『機械の花嫁』(井坂学訳、竹内書店)、1962年に『グーテンベルクの銀河系』(森常治訳、みすず書房)、そして1964年には本書を立て続けに刊行し、20世紀を代表するメディア論の研究者として注目を集める。

場所感の喪失 上
電子メディアが社会的行動に及ぼす影響

ジョシュア・メイロウィッツ（安川一、高山啓子、上谷香陽 訳）
新曜社、2003年、3,800円＋税

No Sense of Place : The Impact of Electronic Media on Social Behavior, 1985

▌電子メディアがもたらす親密さのおもしろさと怖さを
▌ネット以前のテレビから読み取った

　私たちは日常の人間関係のなかで、公的な場や関係と私的なもの、きちっと演出されたものとアドリブ的なもの、あるいはタテマエ的な関係とホンネのつきあいを使い分けている。それが微妙に入り組んだ世界の分析については、E.ゴッフマンの多くの著作が有名である。そのような枠組みをメディアの世界に置きかえたら、どんな視野が開け、何が明らかになるのだろうか。

　メイロウィッツが『場所感の喪失』で試みているのは、そのゴッフマンとメディア論の始祖ともいえるマクルーハンを融合させて、主にテレビを分析することであった。活字媒体には公的で演出的でタテマエ的な性格があり、テレビには私的でアドリブ的でホンネ的な特徴が顕著である。メイロウィッツは、ゴッフマンの「表領域」と「裏領域」という概念と、マクルーハンの「メディアはメッセージ」というテーゼに注目した理由を次のように書いている。

　「印刷メディアから電子メディアへの変移は、フォーマルな舞台上もしくは表領域の情報から、インフォーマルな舞台裏もしくは裏領域への変移であり、抽象的な非個人的メッセージから具体的な個人メッセージへの変移である」（186ページ）。

　ことば、それも活字はいわば意味のみを伝えるメディアだが、テレビはそのことばを話す人が表出するものすべてを伝えてしまう。しかも、あたかも目の前で自分に向かって話しているかのようにして行わ

れる。つまり、テレビは擬似的な対面的相互行為を基本にしているから、公よりは私、演出されたものよりは自然なもの、タテマエよりはホンネ、表よりは裏を好んで映し出すようになるのである。

　もちろん、このような指摘は、いまとなっては目新しいものではない。電話を使って、メールを使って、あるいはインターネットを使ってするやりとりが、いまここにはいない人で、時には見知らぬ人であること、しかも個人的で親密な、あるいは不躾なやりとりになることは誰でも経験していることだろう。けれども、場所の違いにも物理的・社会的な距離にも関係なく、多様なコミュニケーションが現実化した現在だからこそ、もう1回、時計を30年ほど逆回しして、この本を読んで、丁寧に考えなおしてみる必要があるのではないかと思う。

　本書はメイロウィッツの著作をすべて訳したものではない。出版されて長い年月がたっているにもかかわらず、下巻が刊行されないのは、この本の魅力から考えて不親切だと言わざるをえない。また題名になっている「場所感の喪失」にしても、原題や内容から言って「無場所感」と訳したほうが適切に思える。原書はきわめて平易な英語で書かれているから、興味を持った人には、この訳書だけでなく、ぜひ原書を読むことをおすすめする。

　メイロウィッツにはいまのところ、他の単著の研究書はない。ゴッフマンについては『行為と演技』（石黒毅訳、誠信書房）、マクルーハンは『メディア論』（栗原裕、河本仲聖訳、みすず書房）が参考になる。（渡辺潤）

KEYWORDS
場所感の喪失（無場所感）、表領域、裏領域、メディアはメッセージ、対面的相互行為

著者紹介 | Joshua Meyrowitz　1949年生。ニューハンプシャー大学コミュニケーション学部教授。本書は全米放送事業者協会（NAB）から1986年度の電子メディア関連書の最優秀作として表彰されている。

メディオロジー宣言

レジス・ドブレ（嶋崎正樹 訳）
NTT出版、1999年、2,800円+税

Manifestes Médiologiques, 1994

イメージのもつ歴史的、集団的な象徴作用を探る新たなメディア学

いったいなぜ、キリスト教は2000年の長きにわたり、世界宗教としての地位をたもってきたのか。いったいなぜ、20世紀の諸国の政治体制をゆるがし、転覆させるほどの隆盛を誇ったマルクス主義が、にわかに衰退していったのか。——こういった根本的な疑問に対しては、その政治的、宗教的な思想の「内容」に関するさまざまな議論がなされてきた。しかし、その伝道の方法つまり内容の「伝わり方」に着目して解答を見出そうというのが、著者の提唱する新たな学問「メディオロジー」のアプローチなのである。

端的にいえば、神や思想家の言葉自体が世界を変えるのではなく、それを伝道する社会的階層組織や物理的伝播技術が決定的な影響力をもつ、というわけだ。先端的な伝播技術に支えられ、イメージ戦略と社会的権力を駆使して人々の集団に長期的に作用するこの働きを、著者は「伝達作用」と呼ぶ。つまり、教会が神を、政党が革命の父を創造するのであって、逆ではない、ということになる。

思想内容の解釈を重んじる習慣をもつ読者は、こういった考え方に当初は違和感をおぼえるかもしれない。だが、本書を読み進むにつれ、次第に目からうろこが落ちる思いがしてくるはずだ。なるほど、教会のステンドグラスから漏れてくる神秘的な光線や、厳かな賛美歌の響きがなければ、信者の恍惚感は湧き上がってこない。ロック音楽やビデオ、ファストフード、そしてそれらの映像や音響を媒介する放

送衛星がなければ、ベルリンの壁は崩壊しなかっただろう。

手短に言うと、「伝達作用の社会的機能を、技術的構造との関わりにおいて扱う学問」がメディオロジーなのだ。それにしても、著者がこれを提唱した動機はいったい何なのだろうか。おそらくそれは、現代が「文字圏」から「映像圏」への過渡期だからである。印刷文字にもとづく文字圏では、体系的論理が重んじられ、市民は知識人のリードのもとに、意識的主体として行動する。一方、映像圏においては、魅惑的イメージが価値をもち、消費者は広告メディアのリードのもとに、身体的快楽を追い求めることになる。

問題は、こういう映像圏において、支配と暴力の装置が一見わかりにくい形で潜んでいることだ。20世紀後半、フランスでは記号論が流行したが、瞬間的で個人的なコミュニケーションに着目する記号論的分析では、この装置の作動の把握は困難である。だから長期的、集団的な伝達作用が問われなくてはならない。要するにメディオロジーとは、社会批判のための知なのだ。

本書はメディオロジーの意義を高らかにうたいあげた宣言文書だが、これ以外の関連書として、同じ訳者による一連の邦訳がNTT出版より刊行されている（いずれも嶋崎正樹訳）。初学者にとっては『メディオロジー入門』がわかりやすいだろうし、『一般メディオロジー講義』は本格的理論書、『イメージの生と死』は卓抜な映像史論である。本書に魅了された読者に、ぜひおすすめしたい。（西垣通）

KEYWORDS
メディア技術、映像イメージ、伝達作用

著者紹介 | Régis Debray 1940年生。フランスの思想家。エコール・ノルマルで哲学を学び、1960年代にはチェ・ゲバラとともに南米で共産主義ゲリラ闘争に参加し、ボリビアで投獄される。フランスに帰国してからは、1980年代にミッテラン政権の外交特別顧問を務めた。カリスマ的な左翼知識人だったが、現在はおもに「メディオロジー」の研究者として、アカデミックな活動を行っている。

なぜメディア研究か
経験・テクスト・他者

ロジャー・シルバーストーン（吉見俊哉、伊藤守、土橋臣吾 訳）
せりか書房、2003年、2,800円+税

Why Study the Media? 1999

日常生活の一端として
メディアを理解するための教科書

　示唆的なタイトルの本書であるが、同様にこの書籍を理解する鍵の1つは、原著の *Why Study the Media?* というタイトルに隠されている。つまり、なぜ研究の対象が「a medium」でも「media」でもなく、「the media」なのかという点だ。ここで定冠詞が使われているのは、言うまでもなく何か特定の新聞やテレビ局を指し示しているからではない。むしろ英語において、「the sun (太陽)」や「the earth (地球)」といった言葉のように、私たちの世界に当たり前のように存在する何かとして了解されているからである。換言すれば、私たちの日々の生活を構成する必須の要素として、「media」が理解されているからにほかならない。この姿勢が本書を通底している。

　そのうえで本書の構成は、1980年代以降の英国のメディア研究の歩みを反映していると言ってよいだろう。全16章は5部に編成されているが、序論の第一部を踏まえ、第二部の「テクストの要求と分析の戦略」では、1980年代の英国のメディア研究が、記号論やカルチュラルスタディーズの影響下に進めた、メディアをテクストとして分析していく際の視角が提示される。続く第三部「経験の諸次元」では、その個々のテクストを読み解くオーディエンスの行為類型を明らかにし、第四部「行為と経験のロケーション」では、オーディエンスとメディアとの間で相互作用が実際に生起する「空間」の重層性を理解するための枠組みが分析される。この一連の流れは、マスメディアと

オーディエンスの関係性をそれらが埋め込まれた個別の文脈から切り離して論ずる傾向の強かった、社会心理学よりの米国のコミュニケーション研究とは一線を画しており、英国のメディア研究を概観するうえでの優れた教科書となっている。

同様にこの「テクスト」から「オーディエンスの経験」、そして「メディアが消費される空間」へと向かう関心の移行は、冒頭でも述べた通り、シルバーストーンを含め1990年代の英国のメディア研究が目指した、「日常生活におけるメディア」を理解しようという試みに即して展開されてきた。以下に、彼自身の言葉を借りることにしよう。

「メディアがわれわれの日常生活にとって中心的であるが故に、われわれはそれを研究しなければならない。メディアを現代世界の政治的、経済的な次元としてばかりでなく、社会的、文化的次元として研究しなければならない。それをその遍在性と複雑性において、世界を意味あるものとし、またその意味を共有していく私たちの変幻自在な能力に寄与するものとして研究しなければならない」(22ページ)。

最後に、近年の英国のメディア研究の成果は、シルバーストーンを含め、さほど邦訳が進んでいないのが現状だが、彼の著作に関心をお持ちの読者は、まず *Television and Everyday Life* (Routledge, 1994) を手にとっていただきたい。第1章の「テレビジョン、存在論、移行対象」のみ訳出され、『メディア・スタディーズ』(吉見俊哉編、せりか書房) に所収されている。(光岡寿郎)

KEYWORDS
日常性、媒介作用(メディエーション)、英国、メディアスタディーズ

著者紹介 | Roger Silverstone　1945年生、2006年没。ロンドン・スクール・オブ・エコノミクス (LSE) 教授。LSEで社会学の学位取得後、ブルネル大学、サセックス大学などで教鞭をとり同職。デヴィッド・モーレーらと並び1990年代を代表する英国のメディア研究者。主著に、*Media and Morality* (Routledge)、*Consuming Technologies* (Routledge, Eric Hirschとの共編著)。

印刷革命

E. L. アイゼンステイン（別宮貞徳 監訳）
みすず書房、1987年、5,800円+税

The Printing Revolution in Early Modern Europe, 1983

▶「革命」という言葉の裏に隠されていること

　新しいコミュニケーションテクノロジーが日々の生活に大きな変容を及ぼすとき、「IT革命」のように、しばしば「革命」という言葉が使われる。確かに、私たちは日常的にeメールを利用して連絡をとり、スマートフォンを携帯して生活しているわけだが、一方でこの「革命」を構成する個別の変化について考えることはあまりない。

　米国の歴史学者、エリザベス・アイゼンステインが本書を通して取り組んだこととは、まさに「印刷革命」という言葉の裏で見落とされてきた近代初期のヨーロッパで生じた具体的な変容を、むしろ当時の研究者、宗教家、印刷業者の視点から、丹念に積み上げていく作業である。テレビを革命的な技術革新と呼ぶかは別途議論が必要だろうが、少なくとも、当時のヨーロッパにおける印刷術の急速な浸透は、宗教、学術に決定的な影響を及ぼす「革命」だと考えられてきた。

　メディア史としてはもちろん社会史としても優れた本書だが、以下の2点を念頭に置くことでその理解が深まるはずだ。

　第一に、20世紀を代表するメディア論者マーシャル・マクルーハンの活版印刷論（『グーテンベルクの銀河系』森常治訳、みすず書房）に代表される、近代ヨーロッパにおける印刷文化の図式的理解に対する批判としてである。彼女自身、マクルーハンを「印刷術の登場が社会的にも心理的にも及ぼしたはずの影響力をはっきり気づかせてくれた」（99ページ）と評価しているが、ヨーロッパにおける声の文化から文字の

文化への移行は、ややもすると各地で均一に生じたように語られてきた。しかし、実際には活版印刷に支えられた出版物の増加、流通は、各都市において、その統治形態や支配的な宗教（カトリックとプロテスタント）といった要因に応じて固有の変化を導いたのであり、本書は、印刷革命という総称の内側で生じた差異を認識するうえでの有力な補助線となる。

第二にメディアの物質性への着目である。たとえば、ドイツの社会学者ユルゲン・ハーバーマスの『公共性の構造転換』（細谷貞雄・山田正行訳、未來社）には、印刷文化を前提にコーヒーハウスに集い議論する知識人の姿が描かれているが、本書の指摘にもある通り、実際には書籍という「モノ」が出版される印刷所自体もまた、「鑑識家なみの専門知識を持った商人印刷者」（193ページ）や翻訳に寄与する亡命中の知識人が集うサロンだったのである。そこからは、モノに寄り添うかたちで成立したもう1つの知識人のネットワークが浮かび上がる。同様にルネサンス以降の科学の飛躍的な発展もまた、古典の各国語版の普及という事実以上に、筆写では不可避の誤記が活版印刷によって解消され、正確に書籍として再生産された知識に基づく比較研究が進んだ結果であることが説得的に示唆される。

これらのモノとしてのメディアに即した一連の議論は、技術決定論とは一線を画した技術の描き方を学ぶうえでの良い教科書となるだろう。（光岡寿郎）

KEYWORDS
印刷術、ルネサンス、出版文化、キリスト教、科学

著者紹介 | Elizabeth Lewisohn Eisenstein　1923年生。ミシガン大学歴史学部名誉教授。ラドクリフ・カレッジより哲学博士号を取得後、アメリカン大学兼任教授、ミシガン大学歴史学教授を経て現職。ヨーロッパに印刷技術が与えた影響を、歴史学の観点から詳細に議論している。主著に、2巻本の大著 *The Printing Press as an Agent of Change* (Cambridge University Press, 1979) があり、本書は同書の入門書としての位置づけももつ。

古いメディアが新しかった時
19世紀末社会と電気テクノロジー

キャロリン・マーヴィン（吉見俊哉、水越伸、伊藤昌亮 訳）
新曜社、2003年、4,500円＋税

When Old Technologies Were New:
Thinking About Electric Communication in the Late Nineteenth Century, 1988

社会的に構成されていくテクノロジー

　本書が扱うのは、「電信」「電灯」「電話」といった「電気」を利用した諸技術が、19世紀後半の北米で葛藤を伴いながらも社会的に浸透していく過程である。英語圏におけるメディアコミュニケーションの研究は、20世紀半ば以降に確立し、テレビをその分水嶺として歴史を描くことが一般的であるため、電話はまだしも、電信や電灯をメディアとして扱うことに最初は違和感を覚えるかもしれない。

　ところがマーヴィンは、これらの電気的テクノロジーが社会に定着していく過程を鮮やかに記述する。前半部では、当時の人々が新しい技術を前に戸惑う様子がときにコミカルに描かれる。そもそも「電気」自体の理解が不明瞭だった19世紀末、電気を扱う技術者たちもまた、医師のような「専門職」なのか、秘儀を行う「聖職者」なのか、さらには見世物を供する「奇術師」なのかその位置づけが曖昧な状態にあった。ところが、彼らは業界誌というメディアを媒介に、その専門性を徐々に周知していく。一方で、いまでは誰もが利用可能な電話や電信は、その初期は「階層」「ジェンダー」といった社会的変数に応じて特定の社会集団に占有され、個々の集団に特徴的な利用がなされていた。私たちがテレビやインターネットいった後発のメディアに持つ情報へのアクセスの平等性といった印象に対して、19世紀末の電気的コミュニケーションは、先行する社会構造の維持と改変という矛盾する2つの目的の間を揺れ動きながら受容されていったのである。

また後半部で紹介されているのは、上述の社会的変容を背景とした技術導入の試行錯誤の歴史である。もちろんこの「試行錯誤」を通して、私たちにとって当たり前の電気的コミュニケーションの利用が形成されたわけだが、当時の人々の抱く多様な想像力がその過程には反映されていた。たとえば、人体や自然のエネルギーの本質を電気だと考え、医療や自然の支配へと利用した一連の事例。そして、マクルーハン風に言えば、まさしく「メッセージ」として電灯を理解し、空をスクリーンとして広告を投影しようとした一連の実験。このような一見突飛な発想が淘汰されていく過程で、一般的な技術の理解が成立するのである。そのうえでマーヴィンは、全日番組編成を実現した「有線ラジオ・電話」である、ハンガリーの「テレフォンヒルモンド」の事例を紹介することで、当時の多様な電気的コミュニケーションに対する想像力が、ラジオを代表とするマスメディアのもつ画一的なイメージへと収斂していくことを示唆する。

　本書を含め、ラジオからテレビ、インターネットへと続くマスメディア、もしくは写真から、映画、テレビへという視覚装置の単線的な歴史観に対する反省は、1990年代以降メディア史において広く共有された研究態度だといえる。その点では、あわせてクロード・フィッシャー『電話するアメリカ』（吉見俊哉ほか訳、NTT出版）や、パトリス・フリッシー『メディアの近代史』（江下雅之ほか訳、水声社）を手に取ることで、より理解が深まるだろう。（光岡寿郎）

KEYWORDS
メディア史、電気、技術者、テクノロジー

著者紹介 | Carolyn Marvin　ペンシルバニア大学アンネンバーグ・コミュニケーション学部教授、および同副学部長。現在、公共空間、言論表現の自由、儀礼的コミュニケーションといったテーマについて教鞭をとる。他の代表的な著作として、米国におけるナショナリズムと儀礼的コミュニケーションを主題とした *Blood Sacrifice and the Nation* (Cambridge University Press) がある。

電話するアメリカ
テレフォンネットワークの社会史

クロード S. フィッシャー（吉見俊哉、松田美佐、片岡みい子 訳）
NTT出版、2000年、4,800円+税

America Calling: A Social History of the Telephone to 1940, 1992

メディアや技術は社会的な受容のなかで形作られる

　電話の発明から1940年までの米国における電話の社会史を著した本である。本書のテーマは電話の社会史であるが、この本はメディア・技術を研究・考察する上での重要な示唆を与えてくれる。まずフィッシャーは、技術の内容がその技術の利用のされ方を規定すると考える技術決定論的な見方を批判する。そして、最終的な消費者が新しい技術を採用し、実際にその技術を使っていくやり方によって、新しい技術の社会的なあり方・社会的役割が形作られていくと考える社会構築主義的な視座から、電話という技術に対してアプローチすることを宣言する。

　こうした立場からフィッシャーは研究を進めていくが、研究方法の重厚さはメディア・技術に対する社会構築主義的アプローチの良い手本である。企業や政府による刊行物、報告書、内部文書などの資料の分析に始まり、統計資料や各種調査データ、広告内容の計量化データなどを用いた統計分析、オーラルヒストリーに基づく分析といった、種々の定性的方法・定量的方法が用いられている。また、電話普及の全国的なパターンを見出す分析だけでなく、3つの町を対象とした地域社会レベルのパターンを検討する分析も行われている。このように、データ、分析手法、分析のレベルを複数組み合わせることで、米国社会における電話利用の歴史の立体的な記述に本書は成功している。

　本書は種々の分析を通じて、電話を普及させようとする事業者側に

よる電話の捉え方は、電話を利用する消費者側の利用の仕方とは異なっていたこと、そして消費者側の利用の仕方に沿って事業者側の戦略が変化していったことを示していく。電話という技術をよく知っていたはずの事業者が、消費者の利用の仕方を想定できなかったことは、他のメディア・技術の場合においても十分に当てはまりうるだろう。技術の利用のされ方が技術内容によって限定されることは否定できないが、社会制度、文化、生活習慣などとの関係のなかで構築されていく側面があることもまた見逃してはならない。

著者は日本語版への序文を次のように締めくくっている。「本書がこれから語っていく古い話は、コミュニケーションや文化の新しい発展を理解していくのに有益な面があるかもしれません。またこのアメリカの話は、おそらくは類似よりも対照において、日本における過去や現在のコミュニケーション技術の発展を理解するためにも何らかの示唆的な教訓を含んでいるかもしれません。私としては、読者の皆さんがそうした点を発見してくれることを望んでいます」。

本書は「米国の電話の社会史」以上の内容を含むものであり、原著の出版から20年以上が過ぎたいまも精読する価値のある著作である。

同著者の邦訳には他に『友人のあいだで暮らす』（松本康、前田尚子訳、未來社）などがある。日本の電話研究の文献では、吉見俊哉ほか『メディアとしての電話』（弘文堂）が必読だろう。（北村智）

KEYWORDS
電話、生活文化、社会史、社会構築主義

著者紹介 | Claude S. Fischer　1948年生。1972年にハーバード大学で社会学の博士号を取得後、カリフォルニア大学バークレー校で社会学の教員となり、2013年現在も同校の教授を務めている。初期の研究は都市生活における社会心理と社会的ネットワークに関するもので、論文「アーバニズムの下位文化理論に向けて」での下位文化理論の提唱でよく知られている。その後、米国社会史の研究に着手し、本書で全米技術史協会のDexter賞を受賞。

メディアの生成
アメリカ・ラジオの動態史

水越伸
同文舘出版、1993年、3,600円＋税

▍技術史とは異なるメディア史の豊かさ

　本書は、19世紀末から20世紀半ばまでの北米を対象に、ラジオが「技術」として生まれ、「メディア」として社会に定着するまでの過程を詳らかにしたものである。日常生活の隅々にまで通信技術が浸透した現代を生きる私たちにとって、ラジオの歴史と言われても、20世紀を代表するテレビの前史を飾るメディアの1つという程度の印象しかないのかもしれない。けれども、私たちが21世紀を迎えて初めてインターネットを通してラジオ（番組）を聞くことになったように、20世紀前半を生きる人々にとって、毎晩勉強の合間にDJの話を聞きながらリラックスしたり、友人とドライブをしながら好きな音楽を聞いたりという経験は、きわめて新鮮なものだったはずである。

　そのうえで、本書を通底するのが「メディアは社会的に構成されていく」というメッセージだ。技術そのものとしては19世紀末にイタリアの青年グリエルモ・マルコーニによって開発された「ラジオ無線」は、まず「通信技術」として社会に浸透し、多くの愛好家によって趣味的に受容されていく。この時点では、基本的にはラジオは情報発信に供される技術として認識されており、必ずしも現在のような「聞く」ためのメディアではなかった。ところが、ラジオ無線局の発案によって家庭へと音楽を届ける実験が好評を博し、ラジオ受信機のデザインも家電製品へと近づくとともに、ラジオは徐々に北米の各世帯へと浸透していく。このような世帯所有率の上昇が、全日番組編成、スポン

サーシステムの確立を促し、私たちが現在「耳」にするラジオという制度が形成されていくのである。

ここで大切なのは、このようなラジオの社会的定着の過程は、メディアの技術史だけでは説明できないという点である。つまり、無線局の出力の拡大や、トランジスタラジオに代表される受信機の軽量化といった技術革新だけでは理解できないのである。むしろ、技術者が「いかに」ラジオ無線の未来を夢見たか、通信、メディア産業の現場が「どこに」経済的な旨みを見いだしたのか、行政は「何をもって」この技術を規制しようと試み、さらにはリスナーが「どのように」ラジオ放送を生活の一部として受け入れたのか。いわば、ラジオを取り巻く「社会」のせめぎあいを通して、私たちにとって所与のラジオというメディアの輪郭が形成されていったのである。

著者は、当時このようなメディア・テクノロジーへのアプローチを「ソシオ・メディア論」と定義していたが、その理解は、同時期に出版された『メディアとしての電話』(吉見俊哉ほか、弘文堂)を参照することでより深まるだろう。また、20世紀初頭の人々にとってのラジオと同様に、私たちは21世紀初頭に「ケータイ」というメディアの多様な可能性と向き合っているわけだがラジオで培った枠組みを下敷きに、メディア実践の成果も反映させた『コミュナルなケータイ』(2007年、岩波書店)もあわせて手に取ることで、本書の問題意識の現代性を再確認することができるだろう。(光岡寿郎)

KEYWORDS
メディア、ラジオ、産業、アマチュア

著者紹介
1963年生。筑波大学比較文化学類を卒業後、東京大学大学院社会学研究科博士課程中退。1989年東京大学新聞研究所助手、助教授を経て2009年より東京大学情報学環教授。『デジタル・メディア社会』(岩波書店)、『21世紀メディア論』(放送大学教育振興会)といった主著に加え、2000年代には数多くのメディア実践のプロジェクトを主導している。代表的な成果として『メディア・ビオトープ』(紀伊國屋書店)がある。

戦後史のなかの憲法とジャーナリズム

有山輝雄
柏書房、1998年、2,600円+税

憲法論議をとおして繰り返される
ジャーナリズムの転向を明らかにする

　ジャーナリズムは、社会で起きたさまざまな出来事を報道し、評論していく活動である。しかし、いくつかのタブーが存在し、それによって我々の気づかないところで、認識は歪められているということもよく言われる。一部のジャーナリズムは、戦後ジャーナリズムにとって憲法論議こそ最大のタブーであったという。となると、現在の改憲論議はタブーを破ったということになる。

　しかし、少し調べればすぐにわかるように、憲法改正は高い低いはあるにしても、戦後一貫して論議されてきたテーマである。タブー視されてきたとはとうてい言えない。ジャーナリズムにおいて憲法論議のタブーがあったとすれば、憲法論議におけるジャーナリズムの役割についてであった。ジャーナリズムが、これまでどのような論議をしてきたのかについては語られることはなく、空白のままである。ジャーナリズムは自己の宣伝は多くを語るが、自らの役割は沈黙し、それによって現在の論議が成立している。

　本書は、現在の憲法が形成される時期に当時のジャーナリズムがどのような態度をとったのかを明らかにしたものである。まず、前提は、戦前戦中のジャーナリズムが神聖天皇制を賛美し、国民を戦争に煽動していたことである。ところが、敗戦後、ジャーナリズムは形だけの反省の弁を紙面に掲げた。戦争責任はなし崩し的曖昧にされ、転向したのである。そこで起きたもっとも重要な課題が明治憲法をどう

するかである。しかし、ジャーナリズムは、この重要課題について正面から論議することはほとんどなかった。

ジャーナリズムが憲法論議に沈黙したことについては、米国占領軍の検閲があったためだとする説があり、これが「押しつけ憲法」の論拠にもなっている。しかし、著者が占領期の資料を調査した結果では、占領軍検閲が憲法論議を抑圧したことはない。むしろ、議論を奨励していた。にもかかわらず、日本のジャーナリズムが憲法を論議しなかったのは、依然として神聖天皇制（「国体擁護」）固守にこだわっていたからであった。

しかし、新憲法草案が発表されると、一転して象徴天皇制に全面的に賛成した。また転向したのである。その後、新憲法擁護を熱心に唱えていたのは、現在改憲論を主張している読売新聞で、同紙は米国占領政策にもっとも忠実であったのである

その後の憲法論議は本書で詳しく書いた。特に連合国との講和条約をめぐって論議では、朝日新聞などはすべての連合国との講和を実現する全面講和論を主張したが、米国が裏側で強圧を加えると、朝日新聞などは屈服し、読者に気づかれないように単独講和、日米安保条約支持に転向していった。その過程を当時の朝日新聞社長であった長谷部忠の日記を筆者が発掘し、詳細に明らかにした。

ジャーナリズムは、無責任ななし崩し的転向を繰り返していった。そこに現在のジャーナリズムを考える本質的問題がある。（有山輝雄）

KEYWORDS
ジャーナリズム、言論報道の自由、検閲、憲法

著者紹介 | 1943年神奈川県生まれ。東京経済大学コミュニケーション学部教授。主要著書に『占領期メディア史研究』（柏書房）、『甲子園野球と日本人』（吉川弘文館）、『海外観光旅行の誕生』（吉川弘文館）、『陸羯南』（吉川弘文館）、『「中立」新聞の形成』（世界思想社）、『近代日本のメディアと地域社会』（吉川弘文館）、『情報覇権と帝国日本（I、II）』（吉川弘文館）がある。

: 第 2 章 :

企業コミュニケーションを学ぶ

　本章では、まず広告や広報といった、生活者やステークホルダー（利害関係者）に対して企業が展開するコミュニケーション活動に関わる本を紹介する。次に、企業組織内コミュニケーション、および企業がコミュニケーションを通じていかに組織外部の人たちとも協業すべきかを論じた本が並ぶ。14冊の著作から、企業をめぐるコミュニケーションの重要さ、そしてその重要さが増していることに気づいてもらえるだろう。最後の6冊では、企業コミュニケーションをデザインするうえで知っておくと武器になる、視点や論理、あるいはツールや企業を紹介している。

広告論講義

天野祐吉
岩波書店、2002年、1,800円＋税

広告に求められるのは
"いま"に共振するセンスである

　本書は、20世紀を「戦争の世紀」「科学技術の世紀」と並んで、「広告の世紀」と名づけ、10の広告を取り上げて、講義スタイルで語っている（実際に明治学院大学で行われた講義録である）。

　「パリ万博」「T型フォード」「ヒトラー」「NASA」など、「これが、広告?」というテーマも取り上げられる。著者によれば、それぞれ、「20世紀という欲望のビッグ・バン」「誰もがクルマを持てるという民主主義」「ナショナリズムという危ない商品」「地球という概念」を広告したと説明される。確かに、読み進んでいくと納得がいく。こうした発想の自由さが、本書の魅力である。

　一方、片岡敏郎による「スモカ歯磨」のような正統的な新聞広告に興味を抱く人もいるだろう。たとえば、少女のイラストに「なんとまァ　おきれいなお歯……と逢ふ人ごとにほめられて　スモカ使うの　わたしもういやッ！」というコピーがついている。女性歌手の絵には、「カラタチの花は白いよ　スモカの歯はもっともっと白いよう……」、髪の薄い男の後ろ姿には、「分別は後に廻って頭を光らし前に廻って歯を白くする」といったニヤッとしたくなる言葉が書かれている。

　本書の最後「補講」と名づけられた章では、インターネット広告が、従来の広告とどこが違うのかという問題が検討される。「そこでは、送り手と受け手の関係はつねに入れ替わり、だれもが送り手であると同時に受け手でもあるような流動的」（219ページ）な状態になっていく

と、著者はいう。加えて、「量的な暴力と見せ方の暴力の上に、二〇世紀の広告は成り立ってきた」（220ページ）のだが、インターネット広告においては、そうした「暴力性」は少なくなると述べている。なぜなら、「見る人が自分から働きかけない限り、出会うことはない」（220ページ）からである。

ここは、異論のある人もいるだろう。確かに、力ずくでメッセージを押しつけてくることは減るだろう。だが、行動履歴をもとに「あなた、そろそろ、これが欲しいんじゃない?」と先回りをする「お節介」は、激しくなるからである。

著者は「おわりに」の文末に、「一九五〇年代の終わりからいままで、半世紀近く広告とつきあってきたぼくの、これは広告についてのささやかな決算報告、いや決算広告みたいなものです」と書いている。20世紀の半分を広告の現場で見てきた著者の広告論は、21世紀を考えるうえでも、大いに啓発されるはずである。時代は変わっても、広告にとって求められるのは、文中にもあるように「"いま"に共振するセンス」といえる。

だが、"いま"に共振しすぎても、「平凡な広告」に陥る。いくらかの不協和音があるほうが、広告としては目立つ。こうした手加減が「創造性」と呼ばれるのだろう。いずれにしても、本書を読むと、きっと広告界をめざしたくなる人もいるだろう。（関沢英彦）

KEYWORDS
広告、博覧会、差異化、ブランド

著者紹介　1933年生、2013年没。コラムニスト・編集者。創元社、博報堂を経て、雑誌「広告批評」を創刊する（2009年休刊）。博報堂時代の1963年、同社の雑誌「広告」（182号）編集人として大熊信行「消費者から生活者へ」を掲載して、初めて「生活者」概念を提唱した。著書に、『クリエイターズ・トーク』（青幻舎）、『広告も変わったねぇ』（インプレスジャパン）、『私説　広告五千年史』（新潮社）など多数。他に絵本の著作もある。

広告の誕生
近代メディア文化の歴史社会学

北田暁大
岩波現代文庫、2008年、1,000円+税

広告についての理論的分析と日本近代の広告の歴史を手際よく概観した刺激的な研究

　広告は私たちにひどく身近な存在であって、大量の広告（雑誌広告、ポスターなど）を眼にしているのが毎日である。それはしばしば私たちを強く魅了し、長く記憶のなかに留まってさえいる。だが、その広告を正面から取り上げて、その魅力や力強さや強調点の変化などを論じる本はかなり少ない。

　本書はまず、いったい広告とはなんであり、またなんでないのかという存在論的な課題に取り組み、両者の差異を作り出すのは、当事者（受け手と送り手）の折衝過程だとする立場が明示される。つまり、なにが広告なのかは、あらかじめ決定することができないのである。この部分は少し込み入っていて、読むのにかなりの努力が要求される。

　そのことが江戸期の広告とされてきた引札が、なぜ広告という資格を持たないのかについての説明を可能にさせ、広告の誕生そのものは明治期の新聞において、商品情報が視覚的な扮装（北田のいう《香具師》的なもの）とともに登場することでなされたとされる。すでにこの時代に広告は技術の進展（タイポグラフィーの多様化や印刷技術の深化）と深く結びついている。このあと著者は、大正期に花開いた百貨店のポスターについて、印刷技術の進展や訴求のプログラム化（広告論の出現！）と絡みあわせて論じ、ついでターミナル駅の壁広告のような広告空間の変容が1920年代に成立した消費文化の変容（受容者の主体的な活動の登場）と関連させながら議論される。

ついで、《香具師》的なものは新聞から撤退しても、「主婦之友」(1917年創刊)のような非上流階級向けの女性(婦人)雑誌において、新しい形で現われてくる。そこではやがてさらに、記事と広告とが融合するプロセス(現在でも若い人々向けのファッション雑誌などに受け継がれている)が進み、「広告である」と「広告でない」という従来はそれなりに有効だった存在論的な対立図式が崩壊してしまっているという。つまり、広告の「融解」が立ち現れる。この「融解」は、ここまで論じられてきた意味での広告にとっては死にほかならない。

　著者の理論的な立場については、さまざまな異論・反論がありうる。私もベンヤミンへの言及については、同意できないことが多いし、「群衆」という単位が分析的に使われていることには賛成しがたい。それに、すでに「主婦之友」段階で広告が死を迎えていたなら、それから半世紀以上経たいま広告は「死の踊り」を踊ってきたことになるが、それが歴史把握として妥当だとは思えない。だが、読んでいていくつもの異論や疑問を生み出す研究は、よい研究なのであって、本書は緊張感ある文体とともに近代メディアを考えるための優れた著書だと言ってよい。渋谷という都市空間を広告という観点から描いた『増補 広告都市・東京』(ちくま学芸文庫)も北田の広告論を追ううえであわせて読むと良いだろう。(山崎カヲル)

KEYWORDS
広告、歴史、近代メディア、ポスター、婦人雑誌、ベンヤミン

著者紹介 | 1971年生。社会学者。東京大学文学部卒業、同大学院博士課程単位取得退学ののち、社会情報学の博士号を同大学院にて取得。現在、東京大学大学院情報学環准教授。著書に『意味への抗い』(せりか書房)、『嗤う日本の「ナショナリズム」』(NHKブックス)、『責任と正義』(勁草書房)など。

ブランド
価値の創造

石井淳蔵
岩波新書、1999年、720円＋税

単なる名前なのに力を持っている ブランドの不思議を考える

　Tシャツに、あなたの好きなロゴがついているとしよう。何もついていないシャツとどちらが欲しいだろうか。単なる名前であり、マークなのに、あなたはそれがついているほうに魅力を感じるはずだ。ブランドは不思議な力を持っている。本書がいうように、「商品とは、製品とブランドという二重の性格をもったものと理解できる」(31ページ)。製品とは、モノやサービスの機能のこと。一方、ブランドは、商品名など、それが人々に抱かせるイメージである。

　まさに、「みずからメッセージを発する名前、つまりブランドは、それ自体が欲望の対象にもなり、ときには商品としての価値をもつことにもなる」(130〜131ページ)といえる。企業を買収するとき、その企業の持っているブランドが有名である場合には、ブランドの価値をお金で換算することになる。ブランドエクイティ（ブランドの資産価値）と呼ばれている。現代においては、ブランドも、経済の中枢を担っているのである。「日本経済新聞」(2013年8月11日)が、「世界に羽ばたくブランドを増やそう」という社説を載せていた。日本企業は、良い製品を作る。だが、それがどういう意味を持つのかというイメージを生み出すことが不得意なために、世界を席巻するブランドが少ないと指摘し、奮起を促している。

　モノやサービス、そして企業について、イメージを戦略的に組み立てて、方向性を絞り込む。そして、コンセプト（考え方の骨子）を、声

に出したときの聴覚的な効果や見たときの視覚的な効果を考えながら、デザイン化することがブランドづくり（ブランディング）である。まさに、「現代の市場競争の主人公は、商品からブランドへとかわりつつある」（207ページ）といえる。

だが、日本においては、「すぐれた機能の製品ならば、それだけで売れるはず」という考えが強すぎた。意味を生成し、共有していくことが、コミュニケーションの過程である。

そうした過程を通して、文化といったものも形成される。江戸時代の老舗は、商品がそうした文化性を持っていることを当然のように理解していた。私たちは、明治以降、追いつき追い越せとやってきたなかで、モノや技術にかたより過ぎてブランドといった文化性を忘れてしまったのだろうか。商品や企業だけでなく、人、政党、大学、自治体、国家なども、どのような意味を共有しうるのかというイメージ、つまりブランドの見え方によってその命運は左右される。人々から、「存在していてもいいよ」と承認され、「選ぶなら、これがいい」といってもらう。そのためには、どのようにイメージを設計し、伝えるかという戦略づくりが求められる。ブランドというものは、市場経済における「闘いの武器」なのである。なぜ、そんな不思議なことが起きるのか。また、どうしていけばいいのか。本書を一読することで、理解は深まるだろう。コミュニケーション的な発想は、経済活動においても、必須なのである。（関沢英彦）

KEYWORDS
ブランド、価値、ブランドアイデンティティ

著者紹介
1947年生。神戸大学経営学部卒業後、神戸大学大学院経営学研究科博士課程修了。神戸大学教授を経て、現在、流通科学大学学長。『マーケティングを学ぶ』（ちくま新書）、『ビジネス・インサイト』（岩波新書）、『マーケティングの神話』（岩波現代文庫）、『営業をマネジメントする』（岩波現代文庫）、『マーケティング思考の可能性』（岩波書店）、『ゼミナール マーケティング入門 第2版』（共著、日本経済新聞出版社）など。

グランズウェル
ソーシャルテクノロジーによる企業戦略

シャーリーン・リー、ジョシュ・バーノフ（伊東奈美子 訳）
翔泳社、2008年、2,000円＋税

Groundswell: Winning in a World Transformed by Social Technologies, 2008

ソーシャルテクノロジーがもたらす
企業にとって必要な新しい思考と行動

　グランズウェルとは「社会動向であり、人々がテクノロジーを使って、自分が必要としているものを企業などの伝統的組織ではなく、お互いから調達するようになっていること」である。直訳すれば「大きなうねり」となるこの語は協力しあう顧客同士の行為を指すが、これにどう企業としてつき合っていくかが本書のメインテーマだ。

　グランズウェル的思考の基盤になるのが「POST」の枠組みだ。Pは、Peopleすなわち人間。そこでは、顧客はどんな活動にどんな技術を利用して参加しているのかが中心的な問いになる。続く目的（Objective）では、企業は顧客たちと何をしたいのかが問われる。さらに戦略（Strategy）で、目的に至る道筋を具体化し、そのために企業はどんな技術（Technology）を導入するかを決めなくてはならない。

　人間（People）については、消費者をソーシャルテクノロジーとの関わり方で分ける「ソーシャルテクノグラフィックス」という道具も提示される。ブログを公開したり、自作の楽曲を投稿する「創造者」。商品レビューを投稿する「批評者」。ウェブで写真にタグをつけたり情報をまとめる「収集者」。そしてSNSに加入し情報をアップデートする「加入者」と他人のコンテンツを利用する「観察者」というように分類する。たとえば小企業経営者は米国の成人オンライン消費者の平均よりも「創造者」である確率が高いので、小企業経営者を顧客とする企業は、顧客が積極的に投稿し、交流していくタイプのアプリ

ケーションを導入し、友人紹介キャンペーンを展開するとうまくいきそうだというシナリオが書ける。

また目的（Objective）についても、顧客理解を深める「傾聴」、熱心な顧客のクチコミを最大化する「活性化」、そしてもっとも難易度が高い商品開発のアイディアを顧客のやり取りのなかから引き出す「統合」などの5つに細分化される。このうち「統合」についてはドン・タプスコットらの『ウィキノミクス』（井口耕二訳、日経BP社）、ヘンリー・チェスブロウの『オープン・サービス・イノベーション』（博報堂大学訳、阪急コミュニケーションズ）も参考になる。

本書を良心的で実践的だと感じるのは、ソーシャルテクノロジーを使った企業活動を行うほとんどの場合、最大のコスト要因はテクノロジーそのものではなく、情報を発信する人材の教育と継続できる態勢づくりやスタッフィングであるということが詳細な収支明細とともに記されている点である。あくまでも技術は人に活用されるものでしかないというスタンスが明確だ。

あなたが1990年代以降生まれならば本書の内容は存外「当たり前」かもしれない。でもあなたの常識が会社の常識になるまではもう少し時間がかかるかもしれない。だからもしそんな状況に直面したら、ウェブでの情報更新（http://forrester.typepad.com/groundswell/ ：英語）も頼りにしつつ、本書を経営幹部にすすめてみてほしい。（佐々木裕一）

KEYWORDS
企業戦略、ソーシャルメディア、マーケティング、技術の普及、協業

著者紹介 | Charlene Li 独立の経営コンサルタント。ハーバード大学の経営学修士号を持ち、ソーシャルテクノロジー時代の企業戦略、マーケティングを専門とする。
Josh Bernoff フォレスター・リサーチのアイディア開発担当シニアバイスプレジデントで、企業経営において重要なアイディアを特定・普及させる責任者。本書出版時にはリーと同僚で、技術への態度で消費者を分類する「テクノグラフィックス」を1996年に考案している。

キャラクター精神分析
マンガ・文学・日本人

齋藤環
筑摩書房、2011年、1,600円＋税

なぜ、コミュニケーション空間ごとに
キャラを使い分けるのか

　伊藤剛は『テヅカ・イズ・デッド』（NTT出版）のなかで、マンガにおけるキャラクターとキャラを区別している。キャラクターは、統一的な人格を持っており、人生や生活を読者に感じさせる。一方、キャラは、シンプルな線画を基調として、固有名で名指しされることで、「人格・のようなもの」が感じられる存在だとしている。

　本書では、ディズニーとサンリオを比較しながら、両者の違いが説明される。ディズニーの場合は、人間くさくて、豊かな感情表現を持つので、キャラクターである。一方、サンリオにおいては、ハローキティに代表されるように表情が乏しく、その「内面」が見えにくいので、キャラといえる。ここからが興味深いのだが、ハローキティは、こちら側が感情移入することを迫られる分だけ、人間らしさは乏しくても「かわいい」ということになる。

　本書は、キャラクターという言葉を標題にしているが、人間社会も含めた「キャラ現象」について広い視野で分析をした本である。著者は、現代の若者は、「ひきこもり系」と「じぶん探し系」という2つの流れのなかに生きているという。キャラは、「じぶん探し系」と関わりが深い。彼らは、「異なったコミュニケーションの空間で、その都度場面の空気に沿ってキャラを作り出し、あるいは微調整する才能」（24ページ）に長けている。「ひきこもり系」は、そうした器用さは持ち合わせていない。ということは、「じぶん探し系」のほうがう

まく世の中を渡っていけそうだが、必ずしもそうではない。キャラが対人関係の文脈ごとに作られるので、「このキャラじゃまずい」ということでいったん焦りだすと、「どんどん「いけてないキャラ」にはまりこんでいく」(232ページ)からである。

　日本では、アニメ、マンガの文化が盛んであり、二次創作も大量に作られる。同人誌即売会の「コミケ」には、毎回3日間で50万人以上が押しかける。また、地域イベントには、ゆるキャラが欠かせない。日本百貨店協会主催の「ご当地キャラ総選挙」という催しまで行われている。人間社会において「キャラ立ち」が求められると同様に、コンテンツの世界でもどのようにキャラを設定するかで、人気の度合いが決まってしまう。「現代の物語において優位なのは、もはや固定されたストーリーラインではない」(123ページ)のである。「優先されるべきはキャラの属性と関係性のほうなのだ。それさえ一定に保たれている限り、そこから紡がれる物語は無限になる」(123ページ)といえる。小説ではキャラクターが登場し、マンガやライトノベルではキャラが活躍する時代である。そして、キャラは、ジャンルを超えて、映画などにも展開しやすいという特性を持つ。

　コミュニケーション学を専攻する学部生や院生において、キャラの問題を論文テーマに取り上げる人が増えている。人間のありかたを考える上でも、コンテンツの動向を分析するにも、ひとまず、本書あたりから取りかかるのがよいだろう。(関沢英彦)

KEYWORDS

キャラクター、キャラ、じぶん探し、ひきこもり、萌え

著者紹介 | 1961年生。筑波大学医学部研究科博士課程修了。医学博士。爽風会佐々木病院診療部長。専門は、思春期・青年期の精神病理学、病跡学、ラカンの精神分析、「ひきこもり」問題の治療・支援ならびに啓蒙活動。著書に『ひきこもりはなぜ「治る」のか？』(ちくま文庫)、『社会的ひきこもり』(PHP新書)、『原発依存の精神構造』(新潮社)、『世界が土曜の夜の夢なら』(角川書店)、『戦闘美少女の精神分析』(ちくま文庫)。

広報・広告・プロパガンダ

津金澤聰廣、佐藤卓己 編
ミネルヴァ書房、2003年、3,500円+税

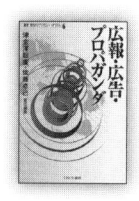

▍「売る」「伝える」「煽る」は
▍すべて人を動かすコミュニケーション

　書店で、広報・広告についての本を探すとき、どの書棚を見るだろうか。まず、マーケティングのコーナーに行くのではないか。広報・広告は、販売促進のための重要な手段である。もちろん、コミュニケーション学の棚にも、関連書がたくさん並んでいる。広報・広告は、「売る」ことと「伝える」ことの重なり合う部分に存在する。

　そして、政治や歴史の書棚をのぞくと、プロパガンダについての本にも気づくはずだ。「売る(販売)」「伝える(伝達)」に対して、プロパガンダは「煽る(動員)」こと。戦前・戦中のナチ、冷戦時代の社会主義国などの政治キャンペーンについての本を見つけることができる。

　でも、最後の書棚は見落としてしまうかもしれない。現代の広報・広告を考えるときに、プロパガンダは関係ないと思うからだ。本書が類書と異なる点は、プロパガンダも遠い昔の話だとは考えないことにある。

　序文では、「広報・広告・プロパガンダを包含する上位概念が「宣伝」にある」とされる。宣伝という説得的コミュニケーション活動のもとに、政治宣伝を意味するプロパガンダ、商業宣伝の広告、そして、より公共的な性格を持つ広報やPRを位置づけるのである。

　宣伝やプロパガンダといった言葉は、戦前・戦中のイメージが残っているので、広報や広告の分野では、あまり使われない言葉となっていた。だが、本書では、広報・広告・プロパガンダが地続きであって、

それらをまとめて宣伝ととらえる方が現実をしっかりと理解できると主張するのである。こうした見方については、第1章で詳しく論じられる。

第2章は、現代の政治キャンペーンを見ていくことで、政治宣伝のことを考えている。第3章と第4章は、政治宣伝における世論という概念と世論調査について検討される。第5章は、現代の広報のあり方を分析する。第6章は、広報のなかでも、行政広報について考察している。第7章は、広報における新しい領域である環境コミュニケーションを見ていく。第8章から第12章は、さまざまな視点から、広告の問題を扱っている。

第10章のブランド論の章に、「ブランド論に取り組むと、消費行動、購買行動がホモエコノミクスという経済合理性仮説だけでは説明しきれないことが端的にわかる」（225ページ）とある。「愛や情感や神話」といったものを抜きに、ブランドの分析はできないからだ。

実際、視野を狭く限定していると、人が何かに動かされるという現象を十分にとらえられない。本書では、広報・広告・プロパガンダを、「人を動かすコミュニケーション」として包括的に見ていこうとする。いまや、ソーシャルメディアによって、人々の意識の動きは「可視化」できる。経済（売る）・社会（伝える）・政治（煽る）といった縦割りの視点でなく、「コミュニケーションの渦巻き」そのものを統合的に見ていくことが求められるのだろう。（関沢英彦）

KEYWORDS
広報、広告、プロパガンダ、宣伝

| 著者紹介 | 責任編集者、津金澤聰廣、佐藤卓己（第1章）。各章執筆者、平林紀子（第2章）、宮武実知子（第3章）、稲葉哲郎（第4章）、猪狩誠也（第5章）、上野征洋（第6章）、清水正道（第7章）、常松洋（第8章）、石田あゆう（第9章）、青木貞茂（第10章）、柴内康文（第11章）、難波功士（第12章）。コラム執筆者、井上章一、林香里、佐藤友美子、池田恵美子。 |

体系 パブリック・リレーションズ

S. M. カトリップ、A. H. センター、G. M. ブルーム
(日本広報学会 監修)
ピアソン・エデュケーション、2008年
Effective Public Relations 9th edition, 2006

パブリックリレーションズの理論と事例の世界的教科書

　パブリックリレーションズ(広報)分野のバイブル的存在である。1952年に初版が刊行されて以来、米国の300以上の大学で教科書として採用され、またイタリア、スペイン、ロシア、ラトビア、中国、韓国の各国で翻訳され、広報学の標準的教科書として高い評価を得ている。日本では1974年に第4版の翻訳が『PRハンドブック』という邦題で出版された(日刊工業新聞社)。その後、広報の領域が拡大するのに伴い、新しいデータや実例を加えた改訂版が第9版として2006年に出版された。それを日本広報学会が設立10周年記念事業の一環として上梓したのが本書である。半世紀以上も読まれている広報学の体系を説いた書である。

　パブリックリレーションズは20世紀初頭に米国で生まれ、世論を誘導するプロパガンダと一線を画し、組織体の「倫理的良心」として組織体の円滑なコミュニケーションを支援する機能として発展してきた。パブリックリレーションズは組織体の存続を左右するステークホルダー(組織体の利害関係者)との間に、相互利益をもたらす関係性を構築する。経営者と従業員との間に信頼関係を構築し、メディアを通しておもに消費者や投資家に自社の情報や意思決定の内容を伝達する。

　本書は4部17章で構成されている。572ページに及ぶ大著である。

　第1部では、パブリックリレーションズ(広報)の概念、組織体における役割、歴史的発展といった理論面が詳細に述べられている。第2

部では、広報専門家の倫理的プロフェッショナリズムの重要性、法的考察、世論とコミュニケーション効果の関係、従業員コミュニケーション（社内広報）の役割と実務ツール、メディアリレーションズにおけるマスメディアとの関係性などの基本要件が挙げられている。そして、第3部でパブリックリレーションズの経営プロセスとして、問題点の明確化や広報プログラムの計画立案、コミュニケーション活動の実施、プログラム評価などのPDCAステップ（Plan→Do→Check→Act、つまり計画→実行→評価→改善）を挙げている。第4部では、企業や政府のパブリックリレーションズの実例を紹介している。

　全体を通して、骨太の理論と幅広い実務が詳細な事例とともに解説されている。本書を読むことで、パブリックリレーションズ（広報）は単なるメディアパブリシティではなく、組織体のコミュニケーション戦略の根幹を成していることが体系的に理解できるだろう。いわばパブリックリレーションズ（広報）が実務に基づいた経営学的実学であることについて、理論と事例の双方から解説しようとした意欲的大著といえる。

　本書では米国の事例が豊富に紹介されているが、日本企業の事例も知りたい場合は、日本PR協会編『広報・PR概論』（同友館）、井之上喬『パブリックリレーションズ』（日本評論社）、柴山慎一『コーポレートコミュニケーション経営』（東洋経済新報社）、井口理『戦略PRの本質』（朝日新聞出版）などをすすめたい。（駒橋恵子）

KEYWORDS
広報、パブリックリレーションズ（PR）、コミュニケーション戦略

著者紹介 | Scott M. Cutlip　1915年生、2000年没。新聞社勤務を経て、ウィスコンシン大学ジャーナリズム・マスコミュニケーション学部教授。PR分野の先駆的教育者。1970年、アメリカPR協会第1回優秀教育者賞を受賞。A. H. Center　1912年生、2005年没。ニューヨークタイムズを経て、モトローラ社広報担当役員。G. M. Broom　1940年生。カトリップの教え子。原書第6版から執筆に参加。サンディエゴ州立大学名誉教授。

日本の広報・PR100年
満鉄からCSRまで

猪狩誠也 編
2011年、同友館、3,000円+税

▶広報・PRは日本でどう発展したか

　本書は、米国で誕生した「パブリックリレーションズ」の概念が、日本で「広報」として定着するまでの過程を描いている。もとになっているのは、大正期以降の史資料と現存者へのインタビューである。

　本書によれば、日本で最初に「広報・PR」を担う部門を設立した企業は南満州鉄道（満鉄）で、「弘報係」と呼ばれていた（1923年）。ただし、当時の「広報・PR」は、〈広告〉〈宣伝〉〈プロパガンダ〉と明確に区別されていない。本書はこうした類似概念を整理すべく、クリール委員会（第一次世界大戦で英米人の参戦意識を煽った国家組織）、日本の情報局（第二次世界大戦時に情報統制を担った国家組織）の歴史経緯を追う。

　社内広報の嚆矢は1903年に鐘淵紡績（現カネボウ）が創刊した「鐘紡の汽笛」である。発刊の辞には、3万人の従業員を「統一する手段の一つとして新聞を発行する」と書かれている。その後、大正デモクラシーの高まりとともに、労使協調路線を歩むため「従業員を大切にするといった姿勢を示す経営家族主義的ニュアンスを感じさせる記事」を中心とする社内広報誌が続々と発刊された。

　戦中戦後の情報統制を経て、1945年9月にGHQは「言論及び新聞の自由に関する覚書」を発表、1947年以降、全国にPRオフィスが設置されていく。「弘報課」「広報課」「公聴課」「広聴課」と名称はさまざまだが、都道府県単位で広報担当部署が設置されたことで、旧来の上位下達型コミュニケーションから、世論や世論調査を重視した双方

向型コミュニケーションへと変わっていった。その後、本来の意味での広報活動が普及し、PR会社が急増した高度成長期に入ると、企業にも広報課が設置され、自社製品のイメージを演出するマーケティング広報活動も盛んに行われるようになった。

本書には、政府広報の始まりや対米外交における行政広報、政治家の広告キャンペーン、選挙のイメージ戦略によるPRなど、広報・PR活動の歴史的広がりも紹介されている。1970年代の公害訴訟や消費者運動にともなう企業の社会的責任論と、マスコミによる企業批判が、それに対応する窓口として広報部門の普及を進めた。このあたりの記述は読み応えがある。

1970年代に入ると、「パブリックリレーションズ」に代わって「コーポレートコミュニケーション」概念が普及していく。日本でも、企業アイデンティティを意識した経営計画や社内広報メディアの充実に伴って、広報部が情報開示や危機管理に対応する戦略部門として機能するようになる。本書の最後ではコンプライアンス意識の高まりによる企業行動規範の改正、CSR（企業の社会的責任）、ネット社会に対応した広報課題の複合化など、21世紀の課題が挙げられている。広報・PRの歴史を知る貴重な本である。

本書は2006年に日本広報学会の「日本研究史研究会」として発足した研究会がもとになっており、翌2007年に吉田秀雄記念事業財団の研究助成を受けた。（駒橋恵子）

KEYWORDS
広報、パブリックリレーションズ（PR）、歴史、コーポレートコミュニケーション

編者紹介 | 1933年、東京生。早稲田大学商学部卒業後、ダイヤモンド社に入社、同社取締役、東京経済大学教授を経て、現在は同大学名誉教授。元日本広報学会副会長。

組織は戦略に従う

アルフレッド D. チャンドラー, Jr.（有賀裕子 訳）
ダイヤモンド社、2004年、5,000円＋税

Strategy and Structure: Chapters in the History of the Industrial Enterprise, 1990

組織が処理すべき情報量に注目し
外部環境と戦略と組織の相互作用を描く

　市場を介して個人同士が取引を行うところから、どのように企業組織が生まれたかを説明するのが「取引費用の経済学」だ。簡単にいえば、都度ある個人の素性を調べ、交渉し、取引後にチェックするよりも（これが取引費用）、同じ組織の従業員としていくぶん安定的な雇用を与え、信頼できる者同士でコミュニケーションをとり、製品を取引するほうが低コストな場合、組織は生まれる。この理論を精緻化することでオリバー・ウィリアムソンは『市場と企業組織』（浅沼万里、岩崎晃訳、日本評論社）を著し、ノーベル賞も得た。

　その『市場と企業組織』で丹念に引用されたのが、先がけること十数年の1962年に出版された本書（初版）だ。というのも、チャンドラーが取引費用の多くを占める情報処理とコミュニケーションに注目していたからである。記述の中心は化学メーカーのデュポン（1802年創立）、自動車メーカーのゼネラルモーターズ（1897年創立）、石油企業のスタンダード石油ニュージャージー（現エクソンモービル：スタンダード石油は1870年創立）、小売企業のシアーズ・ローバック（1893年創立）の戦略と組織の変遷で、外部環境の記述も十分だ。そして主目的と道筋は違えど、4企業では他大企業に先がけて1920年代末に類似の事業部制組織が誕生したことが描かれた。この部分は基本的な用語だけ押さえておけば読み物としても楽しめる。そして横串を通すその後の章ではチャンドラーの処理した情報量と深い洞察に驚くことになる。

事業部制組織のモデルは、総合本社、中央本社、部本部、現業部門の4階層である。総合本社は多数の事業部を対象に調整、業績評価、将来の計画を定め、必要な人材・施設・資本などの経営資源を割り当てる。これはゼネラリストの仕事だ。他方中央本社の長である事業部長は事業部の業績に責任を負う。事業部のなかには研究、購買、製造、販売、財務といった部門がすべてある。だから事業部制では製造部門は事業部の数だけ存在し、ここがそれまでの職能別組織、すなわち複数製品を扱う製造部門が1つ存在する組織との大きな違いである。

　なぜ事業部制が生まれたかをひと言で書けば、企業が複数の製品や地域を手がけ（多角化）、処理すべき情報が複雑化し、またその量も増えたからである。意思決定者が処理すべき情報量を減らし、また円滑なコミュニケーショを可能にするために生まれたのが事業部制で、それは「（形式的に）似通ったもの同士ではなく、関連性の高いものを集める」というデュポン幹部の言葉にも端的に表れている。そして「マネジメントに携わるさまざまな組織や人材のあいだでの、権限やコミュニケーションの経路」と「それらの経路を通して社内に伝わる情報やデータ」が規定されることになる。ただし本書で論じられたのは、情報量によって「不確実性を削減」するための組織で、野中・竹内の『知識創造企業』（梅本勝博訳、東洋経済新報社）やワイクの『組織化の社会心理学』（遠田雄志訳、文眞堂）では情報の解釈と意味に注目し「多義性を削減」する組織が論じられることになる。（佐々木裕一）

KEYWORDS
経営史、情報、組織、事業部制、不確実性

著者紹介　Alfred DuPont Chandler, Jr.　1918年生、2007年没。経営史・歴史学者。第2次世界大戦の兵役から帰還後、ハーバード大学大学院に入学。格付け会社スタンダード＆プアーズの創業者で曾祖父のヘンリー・プアーが残した膨大な歴史資料をもとに同社の事業に大きな影響を及ぼした鉄道を研究し、博士号（歴史学）を取得。「20世紀経営史の金字塔」と呼ばれる本書の後にも『経営者の時代』『スケール・アンド・スコープ』といった名著を残した。

知識創造企業

野中郁次郎、竹内弘高(梅本勝博 訳)
1996年、東洋経済新報社、2,000円+税

The Knowledge-Creating Company, 1995

企業のコミュニケーションが経営資源となる過程を分析

　本書は、1995年に *How Japanese Companies Create the Dynamics of Innovation*（いかにして日本企業は連続的イノベーションを創り出すのか）という副題とともに出版された英語版の翻訳である。その中身は1970～1980年代の日本企業の成功要因を組織の意思決定過程から分析した日本発の数少ない経営理論書で、欧米の経営学者から絶賛を浴びた。

　著者によれば、「知識創造」とは新たな経営パラダイムの概念で、「組織のマネジメントの全ての分野（企画、製品開発、人事、製造、マーケティング、会計等）を再検討・再構築しようと提唱するもの」である。これまでの企業経営の戦略や組織などについての断片的なモデルや実務的手法は「知識創造」の視点から統合され、社会情報学者によるネットワーク研究や経営学者による人的資源管理などのテーマもこの概念で説明できるという。この意欲的な表現が誇張でないほど、本書で提唱された「知識創造企業 (The Knowledge-Creating Company)」という概念は、その後の多数の経営学者が企業組織のコミュニケーションを考察するうえで重要な礎となっている。

　本書によれば、日本企業の意思決定の特徴は、明示的でない情報が「組織的な知識」として創造されていく過程にある。テイラーやサイモンなどの西洋的経営の組織観では、知識は明確な言葉や数字で表すことができる「形式知」であるが、日本企業は主観に基づく洞察や直感、経験や価値観、情念など、目に見えにくく、表現しがたい「暗黙

知」を経営資源としている。そして組織構成員の「暗黙知」を、組織全体で製品やサービスに具現化すること、つまり「形式知」へ転換することが「組織的知識創造」であり、日本企業成功の最大要因である。長期雇用を前提とした社員研修、ジョブローテーションなどは組織構成員の相互作用を促し、個人の「暗黙知」は高いレベルでグループが共有する「形式知」となる。そして明示化された多数の「形式知」が連結して製品開発などのコンセプトとなり、その開発成功などの明示的な「形式知」が個人のノウハウや意識という「暗黙知」に再び転換していく。これが知識創造のスパイラルであり、これを組織的に繰り返すことで企業の自律的な競争力が高まっていく。組織コミュニケーションのダイナミズムを理論化するうえでわかりやすい概念といえる。

　知識創造の概念は「ナレッジマネジメント」と訳されることもあるが、多くの類書がネットワークシステム構築による情報統制を主軸に挙げているのに対し、本書は対面コミュニケーションや冗長な情報、曖昧な分業や主観的判断など、企業内で日常的に発生しているコミュニケーションの機微を理論化した点で注目される。この本の出版から20年近くたち、日本企業が競争力を失ったのは、欧米型のマネジメントを取り入れようと焦るあまり、個人の曖昧な「暗黙知」を組織的に活かす経営を忘れたからではないか、と考えさせられてしまう。(駒橋恵子)

KEYWORDS
コミュニケーション、組織、知識創造、形式知、暗黙知

著者紹介 | 野中郁次郎(1935年生まれ)と竹内弘高(1946年生まれ)は、ともにカリフォルニア大学経営大学院(バークレー校)でPh.D.(博士号)を取得し、競争戦略や組織論研究の第一人者として活躍。現在は2人とも一橋大学名誉教授で、竹内は10年からハーバードビジネススクールでも教鞭をとる。野中は大手企業4社の社外取締役を歴任。竹中も社外取締役や監査役などを歴任しており、実務感覚に基づく経営理論を提唱している。

組織化の社会心理学 第2版

カール E. ワイク（遠田雄志 訳）
文眞堂、1997年、3,100円＋税

The Social Psychology of Organizing. Second Edition, 1979

組織ではなく組織化が重要と主張し
進化論をモデルに組織化を分析

　私たちは組織を静的なものととらえがちである。つまり組織をビルなどと同じように、できあがったしっかりとしたものとして考えがちだ。組織図に従って上から下へ、下から上へと情報が流れ、組織のルールは守られ、指示は確実に実行される。このような軍隊を典型としたモデルを、本書の著者ワイクは「ミリタリーメタファー」と呼び、「このことで、組織の柔軟性を制約し、解を狭め、組織の本当の面白さについて何も語らない上に、自己永続的ときている」と批判した。そのかわりに本書で彼が提案したのは、organizationという名詞ではなく organizingという進行形、組織というモノではなく組織化の過程として、組織の現象を捉えようという視点である。

　前半の4章は、組織化がどのようなプロセスであるのかを、豊富なエピソードとたとえ話を用いて描いている。組織化を研究するための手法として提案されているのが、第2章で述べられる6つの技法である。「自分が何をしているかを知ろう」では、組織の行為を研究することは相互作用のパターンを研究することだと述べる。「トリレンマを覚悟しよう」とは、3つの必要な条件を同時に完全に満たすことはできない、トレードオフの関係にあることを示している。組織研究では、同時に普遍的で精確で簡潔ではありえないということを指す。「進行形で考えよう」では組織のイメージを動的なものとして、「メタファーを変えてみよう」では組織のメタファーとして有力な軍隊モデ

ルを捨て、他のモデル、本書の場合では進化論のモデルを利用することをいう。「おもしろさを開拓しよう」では社会科学の研究をおもしろいものにする12のカテゴリーについて説明し、「ミニセオリーを喚起しよう」では観察された現象から推理を組み立てることの重要さを述べている。これらのアプローチは、単に組織化を分析することに利用できるだけではなく、さまざまな「面白い」社会研究に応用可能である。

後半の4章は、組織化のメカニズムを進化論をメタファーとして解説している。さまざまな現象のなかから理解しやすい単位を切り出して、意味を付与するのがワイクのいう「イナクトメント」のプロセスとなる。そのイナクトされたものを構造に当てはめて理解するのが「淘汰」であり、行為間のつながりのうち因果マップとして再利用可能なものが「保持」されていくということになる。前半の4章で提案された手法を用いて、組織化を動的な進化のプロセスとしてとらえて理解しようとしたのが後半の4章、第9章は結論という構造になっている。

本書は難解ではあるが、魅力的な比喩とエピソードに満ちている。現象をスナップショットでとらえ分解して理解するのではなく、動的な因果の流れにおいて理解しようという本書の提案は、組織現象だけではなく、さまざまな社会現象の理解に重要なものだろう。（北山聡）

KEYWORDS
組織化、相互作用、トレードオフ、おもしろさ、進化

著者紹介 | Karl Edward Weick　1936年米国インディアナ州生。ミシガン大学ビジネススクールの組織行動論と心理学の教授を長く務め、リッカート講座教授を経て、現在名誉教授。主著である本書のほか、組織を意味形成の主体として検討した『センスメーキングインオーガニゼーションズ』（遠田雄志、西本直人訳、文眞堂）がある。

組織事故
起こるべくして起こる事故からの脱出

ジェームズ・リーズン（塩見 弘 監訳、高野研一・佐相邦英 訳）
日科技連出版社、1999年、4,200円＋税

Managing the Risks of Organizational Accidents, 1997

エラーは結果であり原因ではない

　大事故が起きると、決まって「ヒューマンエラーが原因」と報じられ、精神論、そして再教育の必要性が論じられる。しかし、それによって事故は減っただろうか。著者の主張は明解だ。ヒューマンエラーは結果であって原因ではない。「なぜエラーが起こったのか、その筋書きを理解すること」でしか、エラーの再発は防止できない。

　300件の些細なエラー（ヒヤリ・ハットや異状）は29件の小事故につながり、やがて、それが1件の大事故をもたらす（ハインリッヒの法則）。些細なエラーであっても、いや、些細なエラーこそ、その発生過程の追究が欠かせない。

　事故は、その影響範囲によって、「個人事故」と「組織事故」の2種類に分けられる。つまり事故による影響が、個人レベルで収まれば前者であり、組織全体に及ぶと後者になる。組織事故は「技術進歩のために生じた」新しい現象であり、「この技術進歩のためにシステムの防護は複雑化し、人の役割が分散型の肉体労働から集約型の頭脳労働に変わってきた」。

　組織事故はまれにしか起こらない。しかし「複雑で近代的な産業である原子力産業、航空産業、石油産業、化学産業、海運業、鉄道輸送業、金融業などでひとたび大惨事が起こると、大惨事を招く恐れがある」。

　本書は、個々の組織事故例から、組織事故全般に通じる一般的理解

を与えてくれる。前半は、防止策のパラドックス (第2章、第3章)、人間の正しいパフォーマンスと間違ったパフォーマンスの峻別 (第4章)、保守作業の重要性 (第5章) に分かれ、後半は、訳者もすすめるように、第7章から第10章が「読みごたえがあり、かつ実用的」である。特にコミュニケーションとかかわりの深いのが、第9章の「安全文化をエンジニアリングする」である。

組織事故の抑制で重要な役割をはたすのは、安全、そして組織内の信頼醸成を最優先する組織文化、すなわち安全文化の構築である。安全文化は4つの下位文化——報告の文化 (とりわけ自身のエラーを報告しやすくし、きちんと扱う)、正義の文化 (受け入れることのできる行為とそうでない行為との線引きが合意されている)、柔軟な文化 (権力分散型管理により、局所作業は第一線の専門家にまかせる)、学習する文化 (組織の学習障害は致命的である) ——から構成される。

人間は事故を起こす存在であると同時に、危機を救う存在でもある。この二面性に焦点をあてたのが、同著者による『組織事故とレジリエンス』(佐相邦英監訳、日科技連出版社) である。あわせて読むことをすすめたい。レジリエンス (resilience) は心理学用語で、精神的回復力、耐久力を意味することばである。

著者は本書日本語版へのメッセージで「西欧サイドから見ると、日本の組織事故のリスク管理は大変な成功を収め……」と書いている。その期待に私たちは応えなければならない。(川浦康至)

KEYWORDS
ヒューマンエラー、エラーマネジメント、安全文化

著者紹介 | James Reason 1938年、英国生。ヒューマンエラー研究の第一人者。1962年、マンチェスター大学卒業、1967年、博士号を取得。レスター大学を経て、2001年までマンチェスター大学心理学部教授。英国空軍航空医学研究所、米国海軍航空宇宙医学研究所にも勤務。外国人奨励研究者賞 (米国ヒューマンファクター学会)、航空安全財団エアバス社賞、ロジャー・グリーンメダル (王立航空協会)、航空安全財団ボーイング社特別功労賞を受賞。他に『保守事故』。

ネットワーク組織論

今井賢一、金子郁容
岩波書店、1988年

情報をつなぎ他者と新しい関係を作り
さらに情報を生み出す「きわどさ」の現代的意味

「ネットワーク的」あるいは「ネットワーク的ふるまい」とはどのようなものか。それは「越境して」「自分の存在をかけてみる」こと。情報は貯めこむのではなく「つないで」いくこと。自ら「情報を解釈して」得られた「主観のジャンプ」を信じて相手と新しい関係を作り、その関係から新しい情報や仕事を生み出していくことだ。こう書けば、SNSで友人の数を増やして喜んでいるだけの人や儀礼的な「いいね！」を押しているだけの人が、「ネットワーク的」ではないことがわかるだろう。

結果、それはダイナミックに変化していく関係やそのプロセスを経験することでもある。だから本書には「思いがけない」や「予期せぬ」であったり、さらには「きわどい」や「いかがわしい」ということばまでもが「ネットワーク」を説明する形容詞として登場する。こういうプロセスを多分に取り込んだ組織、こういった経験を蓄積し続ける組織、こういうメンバーを許容する組織が「ネットワーク組織」である。

本書では、なぜ合理的な判断をする企業組織が「いかがわしい」とまで書かれるネットワーク組織となるべきかの理由も論じられている。そこで鍵になる概念は情報と不確実性だ。今井らは情報には静的な側面と動的な側面があるという。ある固定化された数値データやメモは静的情報だが、その解釈や仲間とのインタラクションで意味とともに立ち現れる情報は動的情報である。両者は固定的な区分でなく、

コインの表裏のような関係にある。だから「情報とは不確実性を減らすものである」というテーゼに従えば、不確実性にも静的なそれと動的なそれがある。組織において、情報が意思決定者の手許にないために生じるのが静的な不確実性で、相互のインタラクションのなかから生じる予期せぬ事態が動的な不確実性である。そしてコストと便益の問題に帰着させることができない後者に対応できる組織こそが、情報がますます流通し複雑になる社会において必要だと今井らは説く。

刻々と生まれる動的な情報に価格という秩序を与える市場の様子をアダム・スミスが「見えざる手」と表現したのに対して、静的情報を集め長期を睨みながら経営資源の配分を行う経営者の役割をアルフレッド・チャンドラーは「見える手」と表現したが、今井と金子が主張したのは「見えざる手」の現代版ともいえる。つまり市場と組織の二項対立を超越した第三の解決手段として「ネットワーク組織」は時代的必然性をもって提案されている。

本書刊行から四半世紀が過ぎ、ネットも普及したことで、当事者の自発的な関わりによって、ときに組織を超えて問題を解決する手法は広がりを見せている。ただそのような手法は「きわどい」し「いかがわしい」から依然脆弱である。ゆえにときに当事者は思い悩むのだが、そんなときにストーリーと理論をあわせもつ本書は「もう少し続けてみよう」という勇気を与えてくれるはずだ。金子による続編『ボランティア』（岩波新書）もおすすめしたい。（佐々木裕一）

KEYWORDS
ネットワーク、組織、自発的参加、情報、不確実性、プロセス

著者紹介　今井賢一　1931年生。一橋大学名誉教授、スタンフォード大学名誉シニアフェロー。産業組織論、日本企業論、技術革新を主な研究分野とし、2002年には勲三等旭日章賞を受賞。金子郁容　1948年生。慶應義塾大学大学院政策・メディア研究科教授。同大学とスタンフォード大学ではオペレーションズリサーチを専攻し、ウィスコンシン大学准教授を経て1984年に帰国。その後、市民の自発的参加を基礎とする政策提言へも活動領域を広げた。

ウィキノミクス
マスコラボレーションによる開発・生産の世紀へ

ドン・タプスコット、アンソニー D. ウィリアムズ
(井口耕二 訳)
日経BP、2007年、2,400円+税
Wikinomics: How Mass Collaboration Changes Everything, 2006

▶ インターネットがマスコラボレーションを可能にし組織(協業の形)を変える

　どのような組織(協業の形)がすぐれた製品やサービスを開発し提供することができるのか。この根源的な問題については、これまで多くの研究と提案がなされてきたが、現在でも昔ながらの明確な指揮命令系統を持った階層型の組織が大半を占めている。また、ユーザー(消費者)や投資家など限られた外部とのチャンネルしか持たない閉鎖的な組織が多い。しかし、インターネットが進化を重ね、グローバルなコミュニケーション基盤が確立した現在、すぐれた組織の要件に変化はないのであろうか。

　本書は、このような疑問に対して、インターネットの技術的可能性を最大限に活用すれば、組織の内部や外部にいる多数の有能なピア(仲間)を発掘し、それらの人々とのコラボレーション(協業)が可能になり、階層型組織よりすぐれた製品やサービスを開発し提供することができると主張する。進化したインターネットは、どこにいるかわからない有能なピアを多数集め、協業に必要なプラットフォームを提供することができるからである。その主張の根拠として、著者らは本格的な事例調査を行い、成功事例に共通する4つの特徴——オープン性(内部資源の公開や外部人材とアイデアの活用等)、ピアリング(自発的参加システムの構築による仲間作り)、共有(知的財産やアイデアの的確な共有)、グローバルな行動(企業のみならず個人もグローバルに行動する)——があることを見いだした。

また、多くの人が自発的に参加する協業＝マスコラボレーションの成功モデルには、①ピア開拓者（ウィキペディアやリナックスのように多くのピアが協力して百科事典やOSを創造する）、②アイデアアゴラ（P&GやIBMのように自社の独自技術をネット上で公開し、外部のピアにそれを活用した新サービスや新製品を作ってもらう）、③プロシューマー（新製品や新サービスの創出へユーザーに積極的に関わってもらう）、④新アレクサンドリア人（基礎的知識の共有財産化による新製品等の開発促進）、⑤参加のプラットフォーム（グーグルマップやアマゾンのアフィリエイトのような仕組み）、⑥世界工場（製造業における部品のモジュール化等を通じたパートナーとの協業体制づくり）、⑦ウィキワークプレイス（流動性が高く自発的参加に基づく協業が増え働く場所の制約も弱くなるなど）、という7つのモデルがあることも明らかにしている。

　とりわけ興味深いのは、リナックスの成功要因分析から、マスコラボレーションが機能するための条件として、生産物が情報や文化であること、仕事の分割可能性と独立性、品質管理や統合のコストが小さいこと、ピアレビューのシステムや有能なリーダーの存在、協力のルールやフリーライダー対応などを挙げている点である。

　本書は、成功事例を中心に取り上げているため、マスコラボレーションが容易に実現できそうに誤解するかもしれないが、著者は冷静にその難しさも語っている。続編『マクロウィキノミクス』（夏目大訳、ディスカバー・トゥエンティワン）もある。（吉井博明）

KEYWORDS
マスコラボレーション、ピアプロダクション、オープン性、自発的参加、協業、グローバル

著者紹介 | Don Tapscott　1947年生。シンクタンク兼戦略コンサルティング会社のCEOとして、企業や各国政府を相手に活躍。長年、情報技術の進歩とビジネス、経済社会、文化の関わりを見つめ続けてきた。著書に *Paradigm Shift*（邦訳『情報技術革命とリエンジニアリング』野村総合研究所訳・刊）などがある。Anthony D. Williams　タプスコットの元同僚でNew Paradigmのリサーチ部門副社長。イノベーションと知的財産分野のエキスパートである。

システムの科学 第3版

ハーバート A. サイモン（稲葉元吉・吉原英樹 訳）
パーソナルメディア、1999年、2,000円+税

The Sciences of the Artificial Third Edition, 1996

ノーベル賞学者が人工物の本質を解明し、科学的理解の可能性を追究

　本書は、タイトルや出版社から見るとコンピュータ系の本と間違えるかもしれない。人によっては経済系の本と思うかもしれないが、原題は「人工物の科学」で、経営学者、情報科学者など多くの肩書きを持つ著者が、思考と表現のモデルをさまざまに展開している。

　私たちが現在生きている世界は、それが「自然である」と認識されることもあるが、人の手が加えられたあとが随所に見られるので、自然的世界というよりはむしろ人工的世界といえるのではないだろうか。そう考えると自然科学のアプローチだけで人工的世界を理解することはできないのではなかろうか。著者は本書のなかで、人工物の科学についてどのように科学が可能なのかを説明し、人工物の科学についての本質を解明しようとしている。

　人工物が自然物と大きく異なる点は、人工物がある目的のために作られていることである。ただし、ここでいう人工物は、狭い意味での工学的な工作物ではなく、コンピュータソフトウェア、デザイン、組織活動、企業運営、意思決定、経済・社会システムなど人間が作ったありとあらゆる人工物である。

　著者は、人工物を、人工物それ自体を構成する物質や組織である「内部環境」と、人工物が属する「外部環境」との接合点である「接面」として捉えている。したがって、人工物は内部環境と外部環境との接面 (interface) に存在するという。つまり、人工物の機能である内部環

境と目標を捉え、外部環境に対する適応の様子を観察することによって、その人工物の有用性と満足解を測ろうとしている。著者はこれらの説明に、経済学、認知心理学、都市工学、デザイン工学などの例も駆使しながら、理解を深められるように解明を進めている。また、意思決定や認知についてもその話題を掘り下げながら、そこから得た知見を具体的にシステムの構築にどのように援用したらよいかについて詳しく追究するなど、一見複雑に思えることを解体して厳密に考えていくという知的刺激に満ちた著作である。

著者の研究の中心となったのは、組織論の分野であり、組織における人間の限定合理性と意思決定過程の研究である。組織のなかの不確実性下における「意思決定」の研究はもっとも有名で、『経営行動』(二村敏子ほか訳、ダイヤモンド社)、『意思決定の科学』(稲葉元吉ほか訳、産業能率大学出版部)といった著作も邦訳されている。その一方、人工知能のパイオニアでもあり、いくつもの意思決定支援システムの構築に携わったのであるが、こうした広範囲にわたる研究の一端が本書ではうかがうことができる。

本書を読むにあたっては、流し読みして全体を把握しようとすることには無理がある。やや難解と思われる部分はあるが、じっくり読んでほしい。しかも一度読んだあと改めて読み直すと、そのたびに必ず新しい発見がある。読者の考え方やものの見方に多くの影響を与えてくれる、そういう奥深い本なのである。(安藤明之)

KEYWORDS
人工物、接面(インターフェース)、認知、意思決定、複雑性、デザイン

著者紹介 | Herbert Alexander Simon　1916年、米国ウィスコンシン州ミルウォーキー生、2001年没。政治学者・認知心理学者・経営学者・情報科学者。1943年にシカゴ大学で学位取得ののち、イリノイ工科大学を経てカーネギーメロン大学教授。この間、社会科学研究会議理事長、米大統領の科学諮問委員、全国科学アカデミー大気品質管理委員会議長を歴任し、1975年チューリング賞、1978年ノーベル経済学賞、1986年アメリカ国家科学賞を受賞。

イノベーションの普及

エベレット・ロジャーズ（三藤利雄 訳）
翔泳社、2007年、4,800円＋税

Diffusion of Innovations, 5th Edition, 2003

パーソナルコミュニケーションによる
イノベーションの伝播

　イノベーションとは「個人によって新しいものであると知覚されたアイデア、実践および対象」のことを意味する。これがどのようなプロセスで人から人へと伝わるのかという疑問に答えようとしたのが本書であり、この研究は米国中西部アイオワ州で大規模農業に従事する農民たちの研究から始まった。

　どの社会においても、新しい情報は時間の経過に従い、ある個人から他の個人へと伝えられ、その情報をあるものは受け入れ、あるものは拒絶する。ロジャーズは、新しいトウモロコシの種がどのように農民たちに受け入れられ普及していったかを検証することによって、イノベーション伝播の解明を試みた。

　ロジャーズは人がイノベーションを受け入れるまでのプロセスを、①知識、②納得、③決定、④実践、⑤確認の5段階に区分した。人は誰も自分の持つ関心、欲求、態度などを拠り所に新しいアイデアやものに接触しようとする傾向にあるが、あるイノベーションに気が付いたとき（知識の獲得）、いろいろな方法でそれを採用するべきかどうかを見極め（納得）、どこかでそれを採用するかどうかを決める（決定）。さらに実際に導入（実践）したものは、それを使い続けるかどうかを判断する（確認）。いかなるイノベーションも、このようなプロセスを経て受容されるとロジャーズは考えた。

　イノベーションを受け入れる人たちを、ロジャーズは①先駆的

採用者 (innovators)、②初期採用者 (early adopters)、③前期多数派 (early majority)、④後期多数派 (late majority)、⑤採用延滞者 (laggards) の5タイプに分けた。

新しいものへの強い興味とそれを試す意欲を持ち、その原理を理解する先駆的採用者たちは、その採用時期が早いために他の人たちには理解されないこともあるものの、社会に新しい情報を紹介する役割を担う人たちであることは確かである。

初期採用者は、他の人に比べて情報源への接近が容易で、まだ採用を決めていない人たちが持つイノベーションへの抵抗を取り払い、さらには無関心を克服して受容にいたるまでにインフォーマルな影響を与える力を相対的に多く持っている人たちで、イノベーション受容者の拡大において重要な役割を果たす。

イノベーションを次第に受容していく人たちは、その時期によって前期多数派と後期多数派に区分されるが、最後まで受け入れない人たちは採用延滞者と呼ばれ、伝統志向で「昔はこうだった」というような過去に判断基準を置く傾向にあるが、ここには例外的に確固たる信念のためにあえて採用しない人たちも含まれている。

もう1冊、白水繁彦著『イノベーション社会学』（御茶ノ水書房）もおすすめしたい。（長谷川倫子）

KEYWORDS
パーソナルコミュニケーション、イノベーション、伝播

著者紹介 | Everett M. Rogers　1931年米国アイオワ州生、2004年没。コミュニケーション学者。アイオワ州立大学で社会学博士号取得後、ミシガン州立大学、スタンフォード大学、南カリフォルニア大学等で教鞭を取る。イノベーター理論・普及理論を提唱し、本書を基礎として普及学という分野を確立させたが、彼のイノベーションの普及の理論は実用性の高い仮説としていまだに各分野に多大な影響を与え続けている。

新ネットワーク思考
世界のしくみを読み解く

アルバート=ラズロ・バラバシ（青木薫 訳）
NHK出版、2002年、1,900円＋税

LINKED: The New Science of Networks, 2002

現象を点と線でとらえる科学

　本書ではそのタイトルのとおり、「ネットワーク」の観点から世界のさまざまな仕組みを理解していく科学の手法が実例とともに示されている。ネットワークの観点とは、物事を点（ノード）、そして点と点をつなぐ辺（リンク）の集まりとして見ることである。たとえば社会を見るときには、人をノード、人と人とのつながりをリンクとして捉える。

　このような観点は古くから存在していたが、1990年代末から科学の世界で大きな流行が生まれた。そのネットワーク科学流行の旗手となったのが、「スモールワールドネットワーク」モデルで知られるダンカン・ワッツと、本書の著者であるアルバート=ラズロ・バラバシである。

　バラバシが提唱したモデルは「スケールフリーネットワークモデル」と呼ばれる。このモデルは現実のネットワークでしばしば観察される、ずば抜けて多くのリンクをもつ少数のノード（ハブという）に着眼する。バラバシは多くのネットワークにおいて、各ノードのもつリンク数が数学のベキ分布に従うことを発見し、各ノードのもつリンク数の分布に平均値や中央値といった代表する値がないことから、このモデルをスケールフリー（尺度から自由であるという意味）と名づけた。さらに、そのようなスケールフリーネットワークが形成されるまでの時間を考慮した動的なモデルとして、優先的選択によるネットワーク成長モデルを提示した。

物理学者のバラバシは、「ネットワーク」の観点から「世界の法則」を追究するが、その扱う範囲の広さが本書に変化を与えて飽きさせない。具体的には、航空会社のルートマップ、ウェブサイトのリンクネットワーク、細胞内のネットワーク、送電線ネットワーク、そしてウィルスの流行など、ネットワーク理論の応用可能性の広さがこれでもかと示される。この応用可能性の広さゆえに、多様な分野においてネットワーク科学が注目されるのである。

　企業コミュニケーションの視点から見たとき、注目されるのは流行に関する話題だろう。普及論の大著であるE. M.ロジャーズ『イノベーションの普及』（三藤利雄訳、翔泳社）でもネットワークの重要性に言及されるとおり、マーケティング分野においてもネットワークの観点は重要である。とくに今日ではオンラインでのクチコミの影響など、ソーシャルメディア上の消費者ネットワークの重要性が高まり、研究もされている。

　こういった分野の最先端研究を読み解くには専門的知識が必要だが、一般書として書かれている本書はネットワーク科学への入門に最適である。類書として、もうひとりの旗手であるD.ワッツの『スモールワールド・ネットワーク』（辻竜平・友知政樹訳、阪急コミュニケーションズ）を、また社会学におけるネットワーク研究の入門書として安田雪『ネットワーク分析』、同『パーソナルネットワーク』（いずれも新曜社）を挙げておく。（北村智）

KEYWORDS
ネットワーク科学、ハブ、普及、流行、ベキ分布

著者紹介： Albert-László Barabási　1967年生。トランシルヴァニア生まれの物理学者。1994年にボストン大学で物理学の博士号を取得後、2013年現在はノースイースタン大学特別教授として複雑ネットワーク研究センター長を務めている。研究成果として「ネイチャー」誌や「サイエンス」誌などトップジャーナルに論文を多数出版。邦訳書に『バースト！』（塩原通緒訳、NHK出版）がある。

ロングテール
「売れない商品」を宝の山に変える新戦略

クリス・アンダーソン（篠森ゆりこ 訳）
早川書房、2006年、1,700円+税

The Long Tail: Why the Future of Business is Selling Less of More, 2006

販売量の小さい商品をたくさん在庫に抱えても利益が出る理由

　「ロングテール」というのは恐竜の長いしっぽのことだ。縦軸に商品販売量をとり、販売量の多い順に商品を横軸の左から右に並べるグラフを作ると、上の書影にあるように左を向いた恐竜と似たような曲線が描ける。すなわち「ロングテール」はその曲線の形でもある。

　ロングテールが生まれるメカニズムはこうだ。デジタル技術で生産コストが低下し、供給商品が多様化する。また商品調達・陳列のコストもインターネットで低下し、供給商品の集積化が起きる。膨大な商品を持つeコマース事業者ならば実店舗での陳列は必要ない。さらに商品検索や発見のツールが拡充され、探索コストが下がることで需給の一致が起きやすくなる。その結果少量生産の商品でも採算が合いやすくなり、生産コストの漸進的な低下と相まって供給商品はさらに多様化する。以下繰り返し。もちろん背景にあるのは消費者の嗜好の多様性である。

　ただその曖昧な名前ゆえに、初版が出た2006年からの約3年間は誤解も多かったのが「ロングテール」である。アンダーソンの主張は、「(売上の小さな)ニッチ商品を全部足せば、(売上の大きな商品のみで作られる)ヒット市場に(たとえ勝てなくても)肩を並べるほど大きな市場になる可能性がある」こと。そして「(ニッチ商品でも)管理コストが安いのだから、売れる売れないにかかわらず全商品を置くべき」というものであった。つまり彼は、テールが長くなり、その面積が大きくなるこ

とをロングテール化と考えていた。そしてテールとテール以外の境目は、たとえば書籍であれば大型書店の在庫商品数である10万点というように業態によって決まるとした。

ところがロングテール理論への批判には、商品販売が時とともに分散化するというのがアンダーソンの主張だと誤解したものもあった。販売上位20%の商品で全体売上の80%を稼ぐという「80対20の法則」がまったく変化せず、むしろ分散度は低下するという指摘だ。これについては、商品販売の分散化が起きればテール部分の面積拡大は起きるが、商品販売の分散化が起きなくてもテール部分の面積拡大は起きるため、商品販売の分散化だけをもってロングテール理論を批判するのは誤りである。ただしアンダーソンの記述も曖昧だったので、初版第8章の「不足の経済と80対20の法則の終焉」という副題が、アップデート版（ハヤカワ新書Juice、2009）では「潤沢と希少」へと変わった。

実際、物財の管理コストは情報財に比べずいぶんと大きい。したがって物財販売事業者がロングテール戦略を採用するか否かを決めるにはたとえeコマースであっても管理コストの精査が必要だ。逆にウェブページの管理コストは小さく、ページが増えることは大きな問題ではない。したがって担当者は、どうやって自社のウェブページのアクセスを増やすか、どんな検索キーワードをいくらで購入すればよいのかを考えることに注力できる。そういった理論を教えてくれるのが本書である。（佐々木裕一）

KEYWORDS
製造コストの低下、流通コストの低下、検索エンジン、ベキ分布、マーケティング

著者紹介 | Chris Anderson 1961年生。科学雑誌「ネイチャー」、経済誌「エコノミスト」を経て01年に科学・情報技術・経済を横断的に扱う雑誌「ワイアード」に移る。『ロングテール』後もウェブサービス事業者の収益モデルを書いた『フリー』、さらにデジタル技術による製造コスト低下を象徴する3Dプリンタを題材として『メイカーズ』（いずれもNHK出版）を2012年に執筆。自身も「ワイアード」から「3Dロボティックス」のCEOへと転身した。

「ネットワーク経済」の法則
アトム型産業からビット型産業へ…変革期を生き抜く72の指針

カール・シャピロ、ハル R. バリアン
(千本倖生 監訳、宮本喜一 訳)
IDGコミュニケーションズ、1999年

Information Rules: A Strategic Guide to the Network Economy, 1998

情報がデジタル化・ネットワーク化した世界での経済理論

『ブリタニカ大百科事典』が、つい2年前まで1,600ドルだった紙の本の価格を、1997年にはCD-ROM版で90ドルまで下げざるを得なかった逸話で本書は幕を開ける。そのわけはマイクロソフトがCD-ROM版の百科事典『エンカルタ』を50ドルで売りだしたからだが、なぜそのような価格が可能になるかといえば、「デジタル情報の制作には金がかかるが、再生産 (コピー) コストはとてつもなく安い」からだ。このような基本法則が本書ではずらりと並ぶ。ちなみにマイクロソフトはスーパーで売られるレベルの百科事典の権利を買い取り、カラー写真やページ間を行き来できるリンクをつけて、ブリタニカ購入者よりもはるかに多くの人にそれを『エンカルタ』として提供したのだが、この逸話は、CD-ROMに収められた情報のデジタル化がもたらすインパクトに由来する。

では、次はネットワーク化のインパクトについても見てみよう。50ドルどころでなく、無料のサービスやアプリを私たちは今日、星の数ほど目にしているが、それにはそういう無料サービスの推奨がインターネット上をこれまた非常に安価で伝わるという理由がある。スマホアプリのダウンロードページに「シェア」ボタンがあるのは安価な宣伝活動のしかけである。特に利用者同士がコミュニケーションツールとして使うものならば、「〇〇さんも使ってみなよ。面白いし便利だし」と友だちに推奨されることも多いので、ネットワーク社会

では強いものがさらに強くなる。これが「ネットワーク外部性」によってもたらされる現象で、スカイプ、mixi、フェイスブック、LINEといったサービスがある時期に非常な勢いを持つのはこういうわけだ。

では企業としては、無料サービスからどう収益を上げて黒字化すれば良いのだろうか。それに対するシャピロらの答えの1つは、ユーザーをグループ化して、どうしてもリアルタイム情報が欲しい人や希少な機能を使いたい人やコミュニケーションをとるうえでちょっと目立ちたい人などからお金をもらうというものだ。これを「情報のバージョニング」と呼ぶ。あわせて読めば理解が深まるアンダーソンの『フリー』(高橋則明訳、NHK出版)では、デジタル情報については再生産コストだけでなく、ネットワーク化によって流通コストも下がったので、多くのユーザーがいれば、そのうちの5%への課金で採算が合うと書かれている。もしこれが形あるモノの製造・流通が含まれる、たとえば替刃がついたカミソリの柄を無料で消費者に渡してカミソリの刃で稼ぐビジネスならば、5%よりももっと大きな数字の消費者が刃をリピート購入してくれないと採算割れする。

ここで紹介したような、情報がデジタル化・ネットワーク化した世界での経済理論を、企業レベルにとどまらず政策レベルまで目配りして記したのが出版から15年以上経過した本書である。事例の古さは少し気になるが、今日的な事例と比較対照することで逆に知識を増やしてやろうと思って挑戦してみてほしい。(佐々木裕一)

KEYWORDS
複製コストの低下、流通コストの低下、ネットワーク外部性、無料サービス、標準化技術

著者紹介 | Carl Shapiro 1955年生。カリフォルニア大学バークレー校の経済学者。産業組織論や競争戦略論を専門とする。1995～1996年には司法省反トラスト部門管理職、2011～2012年は大統領の経済諮問委員を民主党政権下で務める。
Hal Ronald Varian 1947年生。情報経済学を専門とし、同大学に設立された情報学部の初代学部長となった米経済学者。現在はグーグルのチーフエコノミストとして、同社への戦略アドバイスを行う。

グーグル
ネット覇者の真実

スティーブン・レヴィ（仲達志、池村千秋 訳）
阪急コミュニケーションズ、2011年、1,900円+税

In The Plex: How Google Thinks, Works, and Shapes Our Lives, 2011

ウェブが産んだ超テクノロジー企業の哲学と
私たちの生活のかかわり

　グーグルは検索の会社ではないし、ましてや広告の会社ではない。そう言われて「はてな」と思ったらあなたはこの会社の怖さと凄みを理解していない。そうではなくて人工知能の会社というのがラリー・ペイジとサーゲイ・ブリンの言い分だ。「膨大な量のデータを集め、自動学習アルゴリズムによってそれらを処理し、人類全体の脳を補強するコンピュータのような「知性」を開発する」のが二人の創業者の野望である。自走式ロボットカー技術がグーグルストリートビューのための画像収集でプリウスに搭載され鍛えられているのも、グーグルグラスを通じてあなたが見る世界がデータとして彼らのサーバーへと送られるのもその一環である。そして検索窓に入れるキーワードについてはすでに15年以上の蓄積の歴史がある（検索履歴データは分析され収集18か月後に消される、とされている）。

　そのようなビジョンとグーグルらしさが、創業者と初期メンバーらへの（まだグーグルにいる者もいれば、すでに去った者もいる）、そして2001年から10年間CEOを務めたエリック・シュミットへの合計200回以上のインタビューを通じて描かれる。このあたりの手並みはレヴィおなじみのものだが、本書のために多数の社内会議やイベントへの参加も許されたため、背景情報への理解も深く折り紙つきのノンフィクションとなっている。

　企業コミュニケーションの実務家ならば、検索連動広告による収益

化とダブルクリック社買収のくだりは必読だ。前者は、広告表示回数ではなくクリック回数で広告主に支払ってもらう、広告掲載場所の価格もオークション方式で決める、クリック率の低い広告は掲載されなくするという常識破りの仕組みがエンジニアによって作られ、また一部泥臭い営業力で一大産業へと育っていく2000年から2001年ごろの記述である。検索結果と関連性の高い広告を表示できれば、それが広告であってもユーザーに検索結果と同じくらい価値あるものとなると考えていたペイジとブリンの思想が形になっていく部分だ。後者は、表示回数で金額の決まるディスプレイ広告と検索連動広告の両方を同じ会社が扱ってくれたほうがよいという広告主の要望に沿い、多数のサイトにディスプレイ広告を配信するダブルクリック社を買収するまでの2007年から2008年の記述だ。それまでは広告をクリックすることでしかユーザー行動データはグーグルには送られなかったが、ダブルクリック社の技術でそのサイトを訪問しただけでもユーザーのデータがグーグルに送られるようになった。「邪悪になるな」という同社の社訓の「邪悪」が少しずつ変質していったことがわかる。

エピローグでは新興フェイスブックの後塵を拝し、ソーシャルサービスで失敗を繰り返した歴史が記されるが、デビッド・カークパトリック『フェイスブック』（滑川海彦、高橋信夫訳、日経BP社）と併読し、2つのテクノロジー企業とわれわれの社会の行く末に思いを馳せるのも一興だろう。（佐々木裕一）

KEYWORDS

ウェブ、検索エンジン、検索連動広告、ITスタートアップ、シリコンバレー、人工知能

著者紹介 | Steven Levy　1951年生。米ITジャーナリストで、「ワイアード」誌のシニアライター。1984年に出版した『ハッカーズ』（工学社）では、コンピュータ愛好家の哲学や美意識をとおして、情報は自由にアクセスでき、誰もがそれを活用することで、人びとの生活は良くなるという「ハッカー倫理を」描き出した。以来、情報技術と背後にある思想の双方への造詣の深いジャーナリストとして活躍。本書準備のために2008年6月からグーグル内部での取材が許された。

: 第 3 章 :

グローバルコミュニケーションを学ぶ

　本章が取り上げるコミュニケーションの幅は非常に広く、言葉のやりとりはもとより、もののやりとり、身体動作による表現、社会的空間の取り方までをもカバーしている。コミュニケーションの所在という点では、人と、その目の前にいる人の間という次元のみならず、異なる文化あるいは時代に生きる人の間、さらには作中人物と読者または作者の間、作中人物と別の作中人物の間にも関心が及んでいる。ここに選ばれることが不思議に感じられる本もあるかもしれない。それらをあえてコミュニケーションという切り口で読み解く新鮮さを味わってほしい。

文化とコミュニケーション
構造人類学入門

エドマンド・リーチ（青木保、宮坂敬造 訳）
紀伊国屋書店、1981年

Culture and Communication, 1976

▍英国の人類学者による単に人類学だけでなく
▍構造分析や記号論のすぐれた入門書

　一般に人類学の入門書というと、ごくわずかな例外を除いて、いかにも教科書風であって、それを専門的に学ぼうとする学生以外にはあまりにも取っつきにくいのが普通である。

　しかし、リーチの本書は、序文でいわれているように人類学に初めて接する大学生を主な対象にしてはいるが、知的な鋭さと巧妙な語り口で、人間コミュニケーション全般について語っており、コミュニケーションの構造分析への入門になっている。良い入門書とは、もっとも基礎的な概念とそれらの関連をわかりやすく系統的に、しかも魅力的な語りによって説明してくれるものにほかならない。リーチの本書はまさにそのような入門書である。

　彼はまず、人間文化を考えるさいの2つの理論的な立場である経験論と合理論に簡単に触れたあと、論を進めるために最小限に必要となるいくつかの基礎概念を整理する（主に構造主義に従っている）。それは記号とシンボル、対象と概念、信号と指標、論理の変換規則などで、こう書くとなにやらめんどうな話なのかと思うかもしれないが、それらについての説明はほとんどなんの予備知識もなしに理解できるほど、明快かつ明晰になされている。とくに、言語的であれ非言語的であれ、人間のコミュニケーションすべてを貫いている概念（観念）の結合法則である、隠喩（類似性に基づく）と換喩（隣接性に基づく）の重要性が強調されている。隠喩と換喩という対抗軸は、言語表現から精神分

析にいたるまで私たちのコミュニケーション活動にとって、基軸的なものを構成しているのである。隠喩と換喩は、おのおの選択と結合という次元に対応し、すべてのコミュニケーションの土台を成している。

　ここまでが理論編で、ついで、後半でこうした理論装置を駆使した具体論になる。始めに魔術・呪術が扱われるが、ついで実はそこに働いているのと同様な規則がオーケストラにも存在することが指摘される。それにつづいて、社会的な時間や空間の組織化、とりわけ組織化が重なる領域（いわゆる両義的な世界）、宗教儀礼、社会のランク化、衣服や色彩や料理の分類にある二項対立、婚姻規則、宇宙論、通過儀礼、供犠といった多彩なテーマが展開される。どれも具体例を引きながらなされているのでわかりやすい。宇宙論や供犠のところでは、旧約聖書が例に挙げられているが、日本では読まれることが少ない旧約聖書（「創世記」「出エジプト記」「レビ記」など）を、本書と照らし合わせながら読むのはおもしろいだろう。

　本書でなにほどか人類学に興味をもったなら、やはりリーチが書いた『社会人類学案内』（長島信弘訳、岩波書店）に進むのがおすすめである。（山崎カヲル）

KEYWORDS

人類学、構造分析、記号論、隠喩、換喩

著者紹介 | Edmund Leach　1910年英国イングランド生、1989年没。ケンブリッジ大学では工学や数学を学んだが、のちに人類学に移っている。母校で教えるとともに、いくつもの著書や論文を発表し、同国人類学の代表者の1人になった。1972年にはサーの称号を得た。著書に『高地ビルマの政治体系』（関本照夫訳、弘文堂）、『人類学再考』（青木保、井上兼行訳、思索社）、『レヴィ＝ストロース』（吉田禎吾訳、ちくま学芸文庫）などがある。

暗黙知の次元

マイケル・ポランニー（高橋勇夫 訳）
ちくま学芸文庫、2003年、900円＋税

The Tacit Dimension, 1966

暗黙知とは
近代科学の枠外にあるものなのか

　たとえば、私たちは、親しい友人の顔を知っている。その顔を数千人、あるいは何万人ものなかから見分けることができるのだが、どうやって見分けることができるのだろうか？　友だちの顔を言葉で言いあらわしてほしい、と言われたとしても正確に描写することはむずかしい。それではなぜ、顔を見分けることができるのだろうか、と著者は問いかける。

　著者によれば、人の顔を覚える場合、顔の部分的な特徴から始まって顔を認識していく。そして確かに顔を覚えるのだが、今度は顔の細部を表現するのはむずかしくなっている。身につけた技能の場合でも、どこのどういう筋肉を使って行っているのかを言葉で言いあらわすことはむずかしい。このように論理的に言いあらわすことがむずかしい「知識」「認識」を「暗黙の知識（暗黙知）」と呼ぶのである。

　近代科学の目的が私的なものを完全に排除し客観的な認識を得ることだとするなら、この「暗黙知」は近代科学の範囲外にあるものなのだろうか？　だが、科学はまず「問題」の設定から始まるのではなかったか？　そもそもその「問題」は、科学者がどのように設定するのだろうか？「問題」を設定するとは「隠れた何か」を考察することなのだが、ではその「隠れた何か」をどのように見つけたのだろうか？ほかの誰もが考えないような、気づかないような「隠れた何か」はどのように見つけ出されるのだろうか？

著者は、「暗黙の知識（暗黙知）」によって発見に至る過程を以下のように推定する。(1)問題を認識する。(2)解決へと進んでいるという自分の感覚に依拠して問題を追及する。(3)発見に向けて、はっきりとはしない暗示（インプリケーション）をもとに予測する。

　発見とは、ひたすら対象に向かって突き進む個人的な行為であって、客観的に表現される行為ではない。発見のための非個人的、客観的な基準などはないのだ。あるいは、「不意の確証（surprising confirmations）」が存在するといわれる。コロンブスによるアメリカ大陸発見は、「地球は丸い」という理論の「不意の確証」であったとされる。また、電子線回析はド・ブロイの物質波理論の「不意の確証」だし、遺伝学の発見はメンデルの法則の「不意の確証」をもたらしたといわれる。

　つまり発見は、われわれが現在もっている知識が、なんらかの示唆を授けることで生まれる探求可能性によってもたらされるのだ。われわれは、この世界の現実（リアリティ、実在）すべてを知っているわけではない。いまだ明かされざる、想像することもできないものが数多くあり、それに対する探求の持続こそが、著者のいう「探求者の社会」を作り出すものなのである。思考や社会をまるごと変えようとするソ連型社会主義の完全主義やサルトルらの実存主義の傲慢な自己決定論は、いまだ隠されている世界の現実（リアリティ）の存在を知らない議論であり、破壊的な議論だと著者は論じた。（桜井哲夫）

KEYWORDS
暗黙知、暗黙的認識、創発、リアリティ（実在）、探求者の社会

著者紹介 | Michael Polanyi　1891年ハンガリー・ブダペスト生、1976年没。ハンガリー語の表記ではポラーニ・ミハーイ。ブダペスト大学で医学博士号、化学博士号を取得。ベルリンのカイザー・ウィルヘルム研究所を経て、1933年、ナチスの迫害を逃れて英国に亡命。マンチェスター大学物理化学教授。戦後、社会科学者（科学哲学者）に転じ、オックスフォード大学主任研究員などを歴任。著書に『個人的知識』『自由の論理』（いずれも長尾史郎訳、ハーベスト社）など。

マンウォッチング

デズモンド・モリス（藤田統 訳）
小学館文庫、2007年、857円＋税

Manwatching: A Field Guide to Human Behavior, 1979

▶ ヒトの動作から見えてくるもの

　私たちは、社会のなかで普通に生活しているときでもさまざまな行動を繰り返している。その日常での行動は、無意識の動作やコミュニケーションをとるための言葉代わりの身体表現だったりすることもある。そして当然のごとくマンウォッチングが行われ、その行動の違いは、環境の変化、文化の違い、目的や状況などに左右される。たとえば、誰かと待ち合わせをしているとき、隣の人に視線をやって見ていたりして、通り過ぎる人たちにも目を向けることもある。それは何気なくウォッチングをしているときで、それ以上のことは詮索しない。しかし、真のウォッチャーは、昨日彼女とデートをしたとき、彼女の様子がいつもと違うと感じたとき、その感情が起こる理由を探りたいと思う。ヒトの脳を使っての思考には、必ず何らかの行動が伴うものである。人間観察が行われるのはこのためであると著者は言っている。この感情が起こる理由を研究するのに、いくつかの単純な概念を理解すれば特別な技術はいらないとも述べている。

　著者は、十年間に渡り、人々の何気ない動作やジェスチャーをウォッチングし続けてきた。そして、数多くの行動から意図する考えや感情を読み取ることができた。また、日本には、ことわざ「人の振りみて我が振り直せ」で、躾などのお手本として学ばなければならない所作がある。芸術などの身体表現や、スポーツでの優れたパフォーマンスなどの動作を目標にすることもある。したがって、より優れた

技術のレベルアップを図るためには、先ずは段階を見ながら、優れたフォームの模倣の繰り返しから始まり、脳神経回路の新たな発達ができるように目指すことにある。つまり、ヒトの技量や能力は、動作や表現として出せるものであったり、出てしまったりする。

しかし、著者のねらうウォッチングとは、心の深いところにあるものを微妙な動作から探り出すことにあるのではないかと思われる。それは、多くの人たちが望んでいる明るく平和な世界を築こうと思う心と同じ心の深部に隠された暗い部分で、ライオンや熊のような殺傷力の高い牙や爪のなどの武器となるものを身につけていないのにも関わらず、致命傷を負わせることのできる道具を作り、さらに、人類を滅ぼしかねない、安全に閉じ込めておくのが困難な原子核から放射性物質を作り出した。もともと私たちの生活を豊かにするために必要な道具やエネルギー源だったものが、個々の争いや国と国の戦いで武器や兵器としても使用され多くの人々の命を奪ってきた。どうして身体の部分に殺傷力のある凶器を持たない人間が同じ人間の命を奪う行為をするようになったのか、その心の変化をウォッチングでなんとか読み取り、暗い心のナゾを解明するのが、著者の真のねらいだったのではないか。

モリスにはほかに、『裸の眼』（別宮貞徳訳、東洋書林）などがある。藤井直敬『つながる脳』（NTT出版）もあわせて読まれたい。（佐藤行那）

KEYWORDS
ウォッチング、動作、コミュニケーション

著者紹介 | Desmond Morris　1928年英国生。オックスフォード大学で動物行動学を学ぶ。1956年ロンドン動物園のテレビ・映画部門長に就任。1987年『裸のサル』（日高敏隆訳、角川文庫）を刊行後、オックスフォード大学に復帰。数々のベストセラーを生む。

かくれた次元

エドワード・ホール（日高敏隆、佐藤信行 訳）
みすず書房、1970年、2,900円＋税

The Hidden Dimension, 1966

異文化コミュニケーション研究の父が語る空間の文化

　著者のエドワード・ホールは、米国の文化人類学者である。彼がここでテーマとしたのは世界中で異なる様相を見せる社会的空間の在り様だ。たとえば「満員電車」の限界値は、東京あたりを上限に、国や地域によって異なるのではないだろうか。海外旅行をして気づくのだが、我々の目からすると、かなり隙間のある状態でも、「満員」と判断する国や地域は確かに存在する。

　そもそも文化人類学は、社会関係の在り方、人々の生活スタイルを研究する分野だから、おもに形のない事柄がその対象となるが、ここで焦点となるのは人と人との間の空間なので、ほとんど無色透明な「空気」に目盛りを付けるような試みであり、ホールはこれをプロセミックス（proxemics）と名づけた（とはいえ、文献上、人と人との距離を初めて問題にしたのは、おそらく、私という身体と「私」を引き離して考えるようになったデカルトではないだろうか?)。

　1966年に発表された本書は、当時の先端的な動物行動学の成果を皮切りに、とくに、我々の視覚世界が、単なる網膜に映った像とは異なることを示したジェームズ・ギブソンの視覚論を援用しながら、人間は「文化というメディアを通してしか意味ある行為も相互作用もできない」とする持論を展開する。さらに、建築、美術、文学などから、空間的な知覚への手掛かりを取り出してみせる。ここでは、異なる分野を空間というテーマで繋ぎながら次々と話題を展開するので、各章

ごとに、それぞれが独立した読み物としても楽しめる。そして、彼が「密接的」「固体的」「社会的」「公衆的」と名づけた4つのゾーンによって、人間的な距離の概念に一定の基準を提示する。

この後、ホールは、異なる文化における空間の諸相を、国民性によって比較する。たとえば、ドイツ人と米国人とでは、個室に対する考え方が異なるので、その結果、米国のドアは建て付けも悪く、場合によっては鍵もかからないのに対し、ドイツのそれは、「閉じたら響かずどっしりとした感じ」なのだという。つまり、ドアの違いは、産業的な技術力の差ではなく、ドアに求める機能の違いだというのだ。面白い話だが、これでは、国民性を比較する紋切型のよくある冗談話にも見える。文化の生成・変化という点では、説得力が弱いことに原因があるのではないだろうか。

しかし彼は、文化の違いを固定化し、壁を作ろうとしているわけではない。逆に、各文化の違いを乗り越え、「国境の内外に住む他の人々に到達」すること、つまり、先住民、異民族、都市のなかの少数派たちとの相互理解を求めている。この時期、米国は第二次世界大戦後、朝鮮戦争からベトナム戦争へと、国際的軍事行動を拡大した。ホールやギブソンたち研究者も、多くは軍事的要請下で活動した期間があるが、そこからまた、武力侵略とは異なる、関係構築の発想が生まれたことに注目すべきだろう。(大榎淳)

KEYWORDS
文化人類学、異文化コミュニケーション、動物行動学、プロセミックス（proxemics）

著者紹介 | Edward T. Hall　1914年米国生まれ、2009年没。デンバー大卒業後、コロンビア大で博士号を得る。この間、アリゾナの先住民ホピとナバホとともに生活する。デンバー大、イリノイ工科大、ノースウエスタン大などで教鞭を執る。盟友にマーシャル・マクルーハンとバックミンスター・フラーがいる。著作として『沈黙のことば』(國弘正雄訳、南雲堂)、『文化を超えて』(岩田慶治・谷泰訳、TBSブリタニカ)、『文化としての時間』(宇波彰訳、TBSブリタニカ)がある。

贈与論

マルセル・モース（吉田禎吾、江川純一 訳）
ちくま学芸文庫、2009年、1,200円＋税

Essai sur le Don: Forme et Raison de l'Échange dans les Sociétés Archaïques, 1925

▍贈与（贈りもの）という私たちがいまだ日頃行っている交換行為について、もっとも透徹した分析をほどこした古典

　本書(もともとは長大な論文)が発表された1925年という日づけに、まずは注目しておきたい。この時期、ヨーロッパのまともな思索者はだれでも、世界大戦(第一次)、それに続いたロシア革命、またイタリアでのファシズムの政権獲得といった、巨大な政治課題から自由ではなかった。フランス国内でも、それと対応した主張や運動が活発に動いていた。彼らはすべて、およそ思想領域が異なっていても、それらの課題と真剣に取り組むことを余儀なくされていた。本書は人類学の一大傑作としてこれまで評価されてきたし、それは間違いではないが、そこにはモース独特の戦争や革命についての考察が下敷きになっている。

　といっても、大部分は私たちも日常的に行う贈り贈られるという贈与行為についての、徹底した追求である。モースがまず焦点を当てるのは、贈りものをもらった際になぜ私たちは返礼をするのかという、ごく当りまえに見える習慣の根底にあるものである。なにかを贈られたさい、そのままにしておくと私たちはなぜか不安になったり、義理を欠いてしまったというやましさを覚える。この返礼へのこだわりはいまも私たちの日常生活のなかにしっかり生きている。このこだわりを解明するために、モースはニュージーランドのマオリ人のハウという言葉に着目する。ハウはある人物の人格や霊であって、その人間が持っていたものには当人のハウが伴っている。贈りものはただの物質

ではなく、所有者のハウがそこに付いているため、つまり、他人の魂が宿っているので、贈られた側には実は危険なものでもある。返礼（対抗贈与）とは、この他人のハウを当人に送り返すためになされる。

こうした分析を土台にしてモースは、「気前よさ」が実は相手を圧倒することを目指していること、その極限的なケースが競覇型の贈与関係であるポトラッチ（カナダのヴァンクーヴァー近くに住むクワキウトルインディアンの激烈なレヴェルにいたる贈与競争）であること、そうした習慣は古代のヒンドゥー、ローマ、ゲルマン、さらには中国でも見受けられることなどを、豊かな文献探索をもとに記述している。

本書のあまりにも豊かな内容は、読んでもらうことでしかわからないと思うが、モースが結論で力説しているのは、古い諸社会が戦争を回避するために贈与交換という賢明なシステムを保っていたこと、それは私たちの社会でも痕跡として残っていること、そのような関係性を回復できるなら、戦争や暴力革命にいたらない社会関係が可能なことであった。本書が人類学の古典中の古典なのは確かだが、同時に大戦と革命の激動を生きた誠実な知識人の訴えでもあった。（山崎カヲル）

KEYWORDS
贈与、交換、ハウ、気前よさ、ポトラッチ

著者紹介 | Marcel Mauss　1972年フランス生、1950年没。社会学者エミール・デュルケーム（モースの叔父）が編集した『社会学年報』を中心に活動し、驚くほどの博識に支えられた研究を多く残している。主な論文は、論文集『人類学と社会学』（有地亨ほか訳、弘文堂）に収録されている。ほかに共著の『分類の未開形態』、『供犠』（ともに小関藤一郎訳、法政大学出版局）がある。足立和浩『マルセル・モースの世界』（みすず書房）、モーリス・ゴドリエ『贈与の謎』（山内昶訳、法政大学出版局）は必読。

経済の文明史

カール・ポランニー（玉野井芳郎、平野健一郎 編訳）
ちくま学芸文庫、2003年、1,400円+税

Our Obsolete Market Mentality, 1947, etc.

市場だけが唯一のコミュニケーション手段ではないことを多様な素材を駆使して語る

　今日、私たちの生活世界は隅々まで市場関係に支配されている。人間の生命や臓器までもが、商品としてほとんど公然と取り引きされ、売買の対象になっているのが現実である。この市場支配のもとで、世界的にも国内的にも貧富の差はかつてないまでに拡大しているし、地球規模での環境破壊もとどまることをしらない。だが、市場はそれら深刻な諸問題にいかなる意味でも解決策を提供しない。

　この200年近く、私たちは商品や市場が支配的な社会に対する別個の選択肢を模索してきた。社会政策、共産主義、福祉国家などは、そのような模索の一部であった。それらが有効ではないと断罪されているいま、それではなにが可能性の地平にあるのだろうか。ポランニーはコミュニズム、ファシズム、ニューディールや第二次世界大戦といった激動のなかで、このような巨大な諸問題を問いつづけた思想家の1人である。

　彼は非市場社会での社会関係のパターンを2つに類別する。1つは、互いに対等な存在として贈与交換をやりとりする互酬性であり、もう1つはある中心に財やサーヴィスが集まり、さらに集まったそれらを中心から恩恵的に人々に施す再分配である。これらのパターンにあっては、財やサーヴィスの移動は社会関係のあり方に依存しているのであって、それをポランニーは経済が社会に「着床」（embedded）している状態と呼ぶ。しかし、18世紀から19世紀前半にかけて、西ヨー

ロッパでは市場は経済から「離床」(disembed)してしまう。それまでは商品であることを禁じられていた土地と労働が、市場で売買されるようになったからである。この離床のプロセスを彼は『大転換』で詳しく論じている。市場は「自己調整的」になってしまい、そのメカニズムが社会から離れて自立して、逆に社会を統御するようになったわけである。この「着床」していた諸社会の具体的な例示とともに、「離床」がもたらした諸結果を、彼は克明に分析している。「着床」と「離床」という対比で経済と社会との関係を論じるポランニーの議論は、今日でも充分に検討の材料になる。

本書は日本で独自に編まれた論文集なので、内容は多岐にわたっている。まず「時代遅れの市場志向」からはじめて、「制度化された過程としての経済」「自己調整的市場と擬制商品」へと読み進めるのがよいだろう。あとは各人の好みにしたがって。(山崎カヲル)

KEYWORDS
市場交換、非市場交換、互酬性、再分配、着床、離床

著者紹介 | Karl Polanyi 1886年にオーストリア＝ハンガリー帝国生、1964年没。日本ではポラニーとも呼ばれる。ブダペストで学び、雑誌編集に携わったあと、1933年に亡命し、最終的にはカナダに移住。『大転換』(吉沢英成訳、東洋経済新報社)や、『経済と文明』(栗本慎一郎、端信行訳、ちくま学芸文庫)などがある。

銃・病原菌・鉄 上・下
1万3,000年にわたる人類史の謎

ジャレド・ダイアモンド（倉骨彰 訳）
草思社文庫、2012年、上・下各900円＋税

Guns, Germs, and Steel: the Fates of Human Societies, 1997

▶ 現代世界の富と権力はなぜに不均衡か？

「なぜ、人類社会の歴史は、それぞれの大陸によってかくも異なる経路をたどって発展したのだろうか?」(21ページ) あまりにも壮大で問うこと自体がはばかられてきた人類史をめぐる謎に、進化生物学や生物地理学を専門とする著者が、文理を横断し最先端の知見を統合しながら、科学的手法で答えようと試みたのが本著である。

上下巻合わせて600ページ以上に及び、全4部から構成されている。

第1部では議論の前提として、約700万年前から約13,000年前まで、すなわち人類が差異化し始める前の「スタートライン」時までの人類史を概観する。次にポリネシアの事例を通じて、人類社会の多様性を環境要因に求めることの妥当性を論じる。さらに、スペイン人とインカ帝国の衝突の事例を通じて、ある民族が他の民族を征服できたのは、銃・病原菌・鉄などの「直接の要因」の結果だと指摘する。

第2部では、この「直接の要因」をもたらした「究極の要因」を食料生産と位置付けたうえで、植物栽培と家畜飼育の起源と展開について紐解いていく。そして、地域により食料生産の有無や開始時期が異なるのは、栽培化・家畜化可能な野生種が分布しているか否か、他地域で食料生産の対象となった種や技術が伝播されやすいか否か、といった環境に左右されるからだと明らかにする。

第3部では、第1部の「直接の要因」と第2部の「究極の要因」の

因果関係を解き明かしていく。すなわち、食料生産により人類の一部は病原菌に対する免疫を獲得し、さらに文字や技術を発達させたために、集権的な集団を形成する民族となり、結果的に他の民族を征服するに至ったと指摘する。

　第4部では、第2部、第3部における著者の考察を、各大陸と主要な島々の具体的な歴史において検討している。

　筆者は一貫して、人類が辿った過去13,000年の歴史の差異とその結果としての現代の不均衡は、人類間の生物学的差異の反映ではなく、我々が基本的には手を加えることのできない環境の差異によるものだと主張する。それはすなわち、人種主義への決別宣言に他ならない。このあまりにも明快な人類史観を、桁違いに広い学識とそれらを有機的に結び付ける柔軟な発想力、さらには丁寧でわかりやすい語り口によって、一般読者に説得力をもって提示することに成功している。粗削りな部分や再考を要する点もあるが、学問が細分化した現在、グローバルな人類史を論じることの面白さと重要性を改めて思い出させる名著である。なお、著者は本著で1998年度にピューリッツァー賞（一般ノンフィクション部門）を受賞している。

　同じ著者の著作に、文明崩壊のメカニズムを探究した『文明崩壊　上・下』（楡井浩一訳、草思社文庫）、ヒトの進化と特異性を考察した『人間はどこまでチンパンジーか?』（長谷川真理子訳、新曜社）などがある。
（深山直子）

KEYWORDS

人類史、環境、食料生産、銃・病原菌・鉄

| 著者紹介 | Jared M. Diamond　1937年米国マサチューセッツ州生。現在は、カリフォルニア大学ロサンゼルス校（UCLA）地理学教授。専門は進化生物学、生物地理学、生理学。ハーバード大学で生物学の学士号を取得した後、ケンブリッジ大学で生理学の博士号を取得した。 |

危険社会
新しい近代への道

ウルリヒ・ベック（東 廉、伊藤美登里 訳）
法政大学出版局、1998年、5,000円＋税

RisikoGesellschaft auf dem Weg in eine andere Moderne, 1986

現代社会は目に見えない危険に囲まれた危険（リスク）社会である

　1986年、世界、とくにヨーロッパ諸国は、チェルノブイリ原発事故がもたらした放射能汚染の恐怖に震えあがった。危険が国境を超えて世界中を駆け巡る時代になったことを象徴する出来事であった。第2次世界大戦後、科学技術は人類に富をもたらす「魔法の杖」になり、人類の進歩という言葉と強く結びついた。しかし、戦後復興のなかで科学技術の粋を集めた化学工場や発電所がフル稼働し始めると、周辺の大気や水質が急速に悪化し、人々の健康や自然環境に深刻な悪影響を与えるようになった。その結果、科学技術による人類の進歩という考え方には大きな疑問符がつくようになったのである。そのなかで発生したチェルノブイリ原発事故は、ヨーロッパ諸国を中心に時代認識の変更を迫ると同時に、社会のあり方を見直す大きなきっかけとなった。

　このような背景のなかで執筆され、大きな社会的反響を呼んだのが本書である。本書がとくに高く評価されるのは、現代がどのような時代なのかを歴史的に解き明かし、危険社会という言葉で表現した点である。著者によれば、伝統的農業社会である「前近代」から産業革命によって「単純な近代」（産業社会）に移行し、現在は産業社会がもたらした多くの難問を解決する過程にあり、「自己内省的近代」への移行段階にあるという。「自己内省的近代」では、富の形成と分配よりも目に見えない危険の処理と分配が大きな問題となるので危険（リス

ク)社会と呼ぶことがふさわしいというのである。

　近代化が進むと、汚染や自然破壊のような危険が増えるだけではない。物質的に高い生活水準がもたらされ、社会保障も充実してくる結果、産業社会の根幹を支える社会構造や生活様式に大きな変化が現れる。具体的には、産業社会に特徴的な階級や階層は弱体化し、雇用形態は失業を内在的に組み込んだ部分就業へと変化し、マイクロエレクトロニクス技術の導入によって勤務形態は多様化し柔軟化する。また、標準的な核家族は減少し、離婚と「期限付き契約家族」が増える。これらの一連の現象は、階級による制約や家族による扶養などから解放され、自分自身に注意を向けること、つまり「個人化」が進むことを意味する。この個人化が新たな危険(不安と不確実性)をもたらす。これらの危険の出現と深刻化にどう対処するのかが、大きな社会問題となる。

　これらの危険に対処する処方箋として著者が望ましいと考えるのは、自己内省的近代化の一層の促進である。具体的には、危険に対して闘う司法や市民運動の強化、自己批判の制度化、対抗専門家や大衆参加による科学技術評価システムの構築などである。

　コミュニケーション学的立場から見ると、現代の危険は、文明が自ら生んだ危険であり、目に見えにくく、どこまで許容できるかという限界もわからないため、危険(リスク)に関するコミュニケーションがきわめて重要な役割を担うという点がとくに重要である。(吉井博明)

KEYWORDS
危険社会、リスク、近代、自己内省的近代、個人化、科学

著者紹介 | Ulrich Beck　1944年生。現代ドイツの著名な社会学者。本書は、チェルノブイリ原発事故が発生した直後に刊行され、大好評を博して、専門書としては異例のベストセラーになり、ドイツのエコロジー運動にも大きな影響を与えた。本書のほか『世界リスク社会論』(島村賢一訳、ちくま学芸文庫)など多くの著作がある。また、福島の原発事故に際しても危険社会という観点から「想定外」という考え方を鋭く批判している。

文化人類学と言語学

E. サピア、B. L. ウォーフほか（池上嘉彦 訳）
弘文堂、1985年

言語と思考・文化との間の関係に関する重要な問いを発した研究者たち

　言語・思想・文化の間に何らかの関係があるという主張は、エドワード・サピアとベンジャミン・リー・ウォーフに帰され、「サピア・ウォーフの仮説」（あるいは「言語相対論」や「言語決定論」）として知られている。「解説」で訳者が記しているように、この仮説は2人の研究者が共同で作り上げたものではなく、2人の考えをのちに他の研究者が総称したものである。本書にはこの仮説などに関するサピアとウォーフを含む8人の著者による12篇の論文が収められているが、文化人類学と言語学が交差する分野に関するこれらの論文が書かれたのは1929年から1964年であり、いまでは古典と呼んでよいだろう。

　サピアとウォーフは北米先住民の言語などを研究し、それらの言語および文化が、ラテン語を源とするヨーロッパのものとはいかに異なっているかに気づき、そこに言語と文化・思想の関係を見たのである。ウォーフいわく、西欧の言語習慣は西洋文明に「1. 記録、日記、簿記、会計、会計によって刺激され生じた数学　2. 正確な継続、日付、こよみ、系図、時計、時間給、時間単位のグラフ、物理学でいう時間　3. 年代記、歴史、歴史的な態度、過去に対する興味、考古学、過去に自己を投入する態度、たとえば、古典主義、ローマン主義」という痕跡を残している。

　言語と文化の関係は、たとえば命令文で動詞を先に置くか後に置くかが文化を左右するといった単純なことではなく、体系的にとらえな

ければならない問題である。しかし、訳者が「解説」で指摘するように、言語とは何を指すのか、文化とは何を指すのかということを明示化する必要があり、安易に結論めいたことは言えない。さらに、言語と文化の間に関係がある場合でも、どちらがどちらに影響を与えているのか、あるいは両者が影響を与えながら発達していくのかなど慎重に議論を進める必要がある。

そうではあるが、20世紀後半以降、実に多くの言語の実態が明らかになり、同時に認知科学の発展もあり、かつてはわからなかった言語と文化・思想の関係が解明され始めている。一般読者に読みやすいものとして、井上京子『もし「右」や「左」がなかったら』(大修館書店)が挙げられる。タイトルが示すように、言語には「左右」の概念を使用しないものがあり、そうした言語の話者は「左右」を使用する言語の話者と記憶のレベルで違いがあるという実験結果が出ている。今井むつみ『ことばと思考』(岩波新書)も読みやすい。また、私たちが想像する以上に言語や文化・思想には違いがあることを教えてくれるものとしてダニエル L. エヴェレット『ピダハン』(屋代通子訳、みすず書房)を挙げておこう。

言語は、いったんそれを身につけるとそれが無意識に行動の規範となってしまう。他の言語および文化を見ることで初めて人間がもつ世界観に他の可能性もあることに気づく。その点で言語や文化にさまざまなバリエーションがあることを知るのは重要である。(中村嗣郎)

KEYWORDS
サピア・ウォーフ仮説、言語相対性、言語、文化、思想

著者紹介 | Edward Sapir　1884年ドイツ生、1939年没。5歳のとき米国へ移住。北米先住民の言語を研究。1939年没。Benjamin Lee Whorf　1897年米国生まれ、1941年没。火災保険会社に火災予防の検査官として就職し、22年間勤務。言語学への関心が高まり、サピアのコースにも出席。ホピ語などを研究。本書の他の著者は、ヘンル、ナイダ、フレイク、バーリング、オーマン、バイスゲルバー。

無文字社会の歴史
西アフリカ・モシ族の事例を中心に

川田順造
岩波現代文庫、2001年、1,200円+税

▌無文字社会の歴史の分析を通じて文字社会を相対化

　現代日本では文字のない生活は想像しにくいが、世界を見渡せば文字をもたない社会があり、とりわけ植民地化以前には多数存在した。本書は書名が端的に示すように、口頭伝承の研究分析を通じて、無文字社会には歴史がないという偏見に異議申し立てを行い、文字社会を相対化することに成功した古典的名著である。西アフリカの現ブルキナファソで諸王国を築いてきたモシ族を対象に、著者がフィールドワークを行ったのが1960年代末から1970年代、初版が出版されたのが1976年であるが、その内容はフランス領植民地からの独立直後という時代感を伝えながらも、収集したデータの厚みとその分析の鋭さ、なによりも提起する問題の普遍性において、まったく色褪せていない。

　全20章からなる本書はまず、歴史を知るための資料について、過去に対する解釈の度合いの強弱から、口頭伝承をはじめとする生きた人間により継承される資料、文字記録、物に刻まれて形象化された非文字資料、の3つを並置し、文字社会と無文字社会は連続していると捉えるべきという立場を明らかにする。このうえで、モシ族の諸王朝の系譜を巡る口頭伝承を巡って自らが収集した膨大なデータを基に、先行研究との緻密な比較検討を交えながら議論を進め、史実を再構成することはもとより、口頭伝承自体の特質の探求を進める。

　主要な論点について順を追って見ていこう。まず、現存の社会の由

来や直接の先祖に関する伝承は、人名や事績が相対的に密度高く「みたされて」いるという口頭伝承の定型化を指摘する。次に、首長位の継承規則は、直系継承か傍系間循環継承かといった類型化は困難で、政治的環境に応じて状況的だと論じる。さらに歴史伝承と社会・政治組織の関係性という問題に迫り、前者が後者を正当化するというイデオロギー表現としての性格をもつことを確認しながらも、双方は互いに規制しあう関係にあると指摘する。加えて、歴史伝承の客観性という問題に切り込み、「客観的」で「普遍的」とされてきた近代西洋のアフリカ史を批判したうえで、歴史伝承をめぐる著者とモシ族の人々との解釈の往復運動によって、歴史の暫定的総合に至る可能性があると主張する。最終的に議論は、人類にとっての歴史と文字の考察に戻っていく。従来の人類学では、無文字社会は構造化された神話としての歴史を、文字社会は累積した年表として歴史をもっていると対照的に捉えてきたが、実際にはいずれの社会もそれら双方をさまざまな度合で併存させていると看破し、文字の特徴を改めて論じる。ちなみに近年のコミュニケーションの拡大と速度の上昇が、ある分野では文字から無文字へという変容をもたらしているといった刺激的な主張も明らかにしている。

　声や物から人類を考えることに関心のある人のために、同じ著書による『口頭伝承論　上・下』(平凡社ライブラリー)、『サバンナの博物誌』(ちくま文庫)を挙げておく。(深山直子)

KEYWORDS

無文字社会、歴史、アフリカ、口頭伝承、文字

著者紹介 | 1934年東京生。文化人類学者。東京大学大学院修了、パリ第5大学民族学博士。東京外国語大学名誉教授。アフリカで長期間にわたりフィールドワークを行い、また留学先のフランスでの滞在歴も長く、アフリカとフランスと日本の文化に対する深い省察が「文化の三角測量」という概念に結実した。数多くの著作があり、またレヴィ＝ストロースの『悲しき熱帯』(中公クラシックス)の翻訳でも知られる。

外国語学習の科学
第二言語習得理論とは何か

白井恭弘
岩波新書、2008年、720円＋税

科学的な研究は日本人が英語を苦手とすることを どのように説明するか

　2020年の東京オリンピック開催が決まり、今後、海外から大勢の外国人が日本を訪れることだろう。そうした観光客を日本人はどうもてなすのか。これを契機に日本人の英語学習熱が高まるのではないかと予想する人もいる。一般に、日本人（日本語母語話者）は英語ができないといわれるが、それには何か理由があるのだろうか。

　本書は、第二言語習得研究という研究分野の成果を一般の読者に向けてわかりやすくまとめている。そして、それらの研究成果を踏まえ、どのようにすれば効果的に外国語が身につくかを教えてくれる。

　第一言語（母語）は誰でも習得できるが、第二言語（外国語）はかならずしもそうではなく個人差が大きい。第二言語習得研究は、言語を探究する言語学、学習に関する認知活動を解明する心理学・教育学、言語と結びついた社会・文化を扱う社会学・文化人類学、言語処理などを説明する脳科学研究などさまざまな研究領域の知見を参考にする。

　本書で紹介される研究成果には、私たちが素直に頷けるものもある。たとえば、日本語と韓国語はとくに文法面で似通っているため、韓国語は日本人にとって学びやすい言語である。一方、英語は日本語と言語的に似通っていないので日本人は英語を苦手とするのだといわれると、ある程度、納得できるのではないだろうか。母語の影響が第二言語習得のさまざまな面にあらわれることが研究からわかっている。

　日本における伝統的な英語教育は読み書きに重点を置きすぎだと批

判されてきたが、では単純に聞く・話す面を強化すればいいのか。しばしば教室で行われる決まり文句を中心とした会話練習だけでは多くを期待できないだろう。いくつかの研究で明らかになったことは十分なインプット（聞くこと・読むこと）が必要だということである。そして、実際のアウトプット（話すこと・書くこと）よりも頭のなかでのリハーサルが言語習得では重要である。また、ある時期を過ぎると外国語は学習できないとする臨界期仮説が近年の早期外国語学習熱の背後にあると考えられるが、実際にそうした臨界期が存在するのか、また、あると考える研究者のなかでも、それが何歳までなのかといったことについてはまだ定説がないことなどについて本書は教えてくれる。

　外国語学習には適性や動機づけといった要因も重要である。フランス文化に興味がある人のほうがフランス語学習に成功するのは当然だろうが、著者が述べる通り、どちらが先かは即断できない。フランス文化が好きだからフランス語ができるようになるという可能性だけでなく、フランス語の成績が良かったのでフランス文化やフランス人に対する感情が好意的になる可能性もある。また、相乗効果の可能性もあり、統計的手法を駆使して研究が進められている。

　最終章において、著者は効果的な外国語学習法をいくつか提案している。外国語学習には個人差があるので、とくに試したことがない学習法については学習者が自分自身でバランスよく取り入れてみるのもよいだろう。（中村嗣郎）

KEYWORDS
外国語学習、第二言語習得論、臨界期、動機づけ

著者紹介｜東京生まれ。上智大学外国語学部英語学科卒業。カリフォルニア大学ロサンゼルス校 (UCLA) 修士課程（英語教授法専攻）、博士課程（応用言語学専攻）修了。Ph.D.（応用言語学）。現在、ピッツバーグ大学言語学科教授。

翻訳語成立事情

柳父章
岩波新書、1982年、720円＋税

社会(society)、個人(individual)、近代(modern) など翻訳語がいかにしてうまれたか

　日本語は、古来より外国語から知識情報を取り入れるために、多くの語彙を外国語からとりいれてきた。

　本書は、「社会」「個人」「近代」といった翻訳語の成立過程を、それらの語が使われ始めた時代にさかのぼって、文献を論考し、どのような、意味で用いられていたかを調べたものである。これらの語はいずれも学問、思想の基本用語であり、それらが日常の語と切り離されていたということには、漢字受容以来の深い歴史背景があると著者はいう。

　翻訳語のおかげで、急速に西洋文明の学問思想を受け入れることができたが、そこにはいろいろと隠れた歪みが伴っていたと著者は主張する。

　そして、そういう事実そのものに留意してもらいたいと述べる。「社会」「個人」「近代」「美」「恋愛」「存在」は幕末から明治時代にかけて翻訳のために作られた新造語であることを当時の文献を引用し、それらの成立過程を論証している。

　翻訳語が本質的に新造語であることは、容易に理解できよう。そもそも翻訳語の必要が生ずるのは、日本語に外国語の単語に相当する表現がない場合であり、そのとき上代以来千数百年中国などの先進文化を漢字という書き言葉で受け入れてきたという歴史的背景がある。

　著者が述べるように（36ページ）、私たちの国は一貫して翻訳を受け

入れる国であった。そして翻訳されるべき先進文明の言葉には、かならず「隠なる」日本語で表現できない意味がある。重要な言葉ほどそうである。

　重要なことは、漢字で置き換えられた言葉が、たとえば「個人」が原語individualに等しくなるのではないということである。「個人」という2文字はあくまでも原語の意味を指し示す機能しかもたないのであって、その漢字の組み合わせから言語の意味が出てくるわけではないのである。これは翻訳者が勝手に決めた約束であるから、多数の読者にはそのことがよくわからない。しかし長い伝統のなかで難しそうな漢字は、よくはわからないが、何か重要な意味があるのだと読者の側で受けとってくれるのである。日本語における漢字のもつこの効果を「カセット効果」と著者は名づけている（36〜37ページ）。カセットとは著者によれば小さな宝石箱のことで、中身がなにかわからなくても、人を魅惑し、ひきつけるものである。

　最近はこのような漢字の効果はそれほど見られないようである。カタカナ語の氾濫を見れば、そのことは顕著である。インフォームドコンセント、コーポレイトガバナンス、コンプライアンス、ソーシャルネットワークサービス。例をあげればきりがない。（内田平）

KEYWORDS

翻訳、語彙、英語

著者紹介｜1928生。東京大学教養学部卒業、翻訳語研究者、比較文化論研究者。著書はほかに『翻訳語の論理』（法政大学出版局）、『文体の論理』（法政大学出版局）、『「ゴッド」は神か上帝か』（岩波現代文庫）など。

新版 古今和歌集
現代語訳付き

高田祐彦 訳注
角川ソフィア文庫、2009年、1,124円+税

物理的な強制力を使わないで人を動かすもの それが「言葉」

『古今和歌集』は、おおよそ1,100年前に誕生した日本初の勅撰和歌集である。勅撰和歌集とは、天皇や上皇の命によって編集された歌集のことをいう。醍醐天皇の勅命により、紀貫之など4人が撰者になった。ちなみに万葉集は、勅撰和歌集ではないと考えられている。

『古今和歌集』の重要性は、まず、『竹取物語』『伊勢物語』とともに、仮名文学を成立させたことにある。「ひさかたの光のどけき春の日に静心なく花の散るらむ」「人はいさ心もしらずふるさとは花ぞ昔の香ににほひける」など、私たちが知っている歌も多い。

『古今和歌集』には、漢字と仮名の2つの序文がある。漢字、つまり漢文の序文は、正式な文字によるということで、「真名序」と呼ばれる。後世には、紀貫之による「仮名序」のほうが有名である。

仮名序（現代語訳28ページ）は、「和歌は、人の心を種として、多くのことばとなったものである」と始まる。「心を種」として、「よろづの言の葉」に育つ。つまり、人間の精神活動があって、そこから言葉が生まれるといっている。その後に、「この世に生きる人は、関わり合う事柄がまことに多いので、心に思うことを、見るものや聞くものに託して歌にするのである」と続く。現代でいえば、日常のあれこれを、ブログやソーシャルメディアに書き込むことに当るのだろう。そして、「生きとし生けるもの、いづれか歌をよまざりける」と紀貫之は述べる。すべて生ある者は、歌を詠まないなどということはあろう

か。いや、誰もが、メッセージを発して、コミュニケーションをしているというのだ。

こうして歌、つまり、言葉というものが、「力をもいれずに、天地を動かし、目に見えない霊に感じ入らせ、男女の仲をもうち解けさせ、荒々しい武士の心をもなぐさめる」(28ページ)という「主張」になる。コミュニケーションというものは、「力をもいれずに」、世の中を動かすのである。紀貫之は、その考えを隣国から借りた漢字ではなく、それから独自に作られたひらがなで論じている。仮名序を書いた紀貫之は『土佐日記』を含めて、日本語音をそのまま表せるひらがなを意図的に使った人である。その国のアイデンティティが、言葉で形成されるとしたら、それを書き表す文字も自分たちのものでなければならない。そうした思いがあったのだろう。

現代においては、個人、企業、行政、NPO、大学、自治体、国家などは、自らの情報資源を目的に沿って総合的に展開させることが求められる。そうしたコミュニケーション戦略と呼ばれるものを先取りした周到な計算と表現のレトリックが、仮名序にはある。権力の力に対して、言葉という誰もがもっている力を対峙させた仮名序は、官僚としては低位であった紀貫之ら撰者の自己主張だともいえる。

そして、いうまでもなく、『古今和歌集』の名歌1,100首によって、春夏秋冬、恋心など、私たちの日本語による情緒が形作られたことも忘れることはできない。(関沢英彦)

KEYWORDS
ひらがな、コミュニケーション戦略、アイデンティティ

著者紹介 | 紀貫之　生年未詳、945(?)年没。紀友則らと『古今和歌集』の撰者。仮名序の執筆者でもある。『土佐日記』は、土佐国に国司として赴任していた紀貫之が任期を終えて都に帰る紀行文であり、日記文学ともいえる。紀貫之は、女性に託して仮名文字で執筆した。本書は、1,100首すべてに現代語訳と注釈がついている。訳注の高田祐彦(1959年生)は、現在、青山学院大学教授。著書に『源氏物語の文学史』(東京大学出版会)などがある。

忘れられた日本人

宮本常一
岩波文庫、1984年、700円＋税

テレビがあらわれ囲炉裏が消えて
古老の話が聞けなくなったが、ここにその声がある

　進歩という名の変化の波にのまれて消えた日本人が、ここに掘り起こされている。文字に縁の薄いところを生きた野人の声が13の小篇で再生されている。おしつけてでも人に読ませたくなる本である。

　学生に言ったことがある。「『百年の孤独』という小説がある。「百年の孤独」という焼酎もある。小説を読んで主人公一族の系図を書いたら焼酎をやる」3か月後、1人が本当に書いてきたので、約束したことを悔んだ。売り始めに蔵から進呈を受けた1本であったからだが、それは忘れていままた約束しよう。「宮本常一の道を百万歩以上たどった者に「菊姫」をとらせる」。

　宮本常一の旅は長く険しい。4,000日で16万キロ、日本中を歩いて年寄りの話を聞いた。泊まった民家は1,000軒を超える。

　試みに、「対馬にて」の調査旅行をたどろう。著者は、リュックに米1斗と着替えだけをつめて村へ入った。米は宿泊代だ。対馬は米の乏しいところであった。村では、古文書を3日がかりで書き写し、夕方から山中を駆けどおしに3里走った。着いた村で夜中まで、村一番の歌上手といわれた老人から歌合戦の模様をきいた。歌垣である。観音参りの女が節や文句のうまさを男と競って、からだを賭けることもあったという。著者はそんな儀式めいた習わしの場に顔を出し、一方で戸主の寄り合いに同席して村の合議制の実際に触れた。

　「名倉談義」では、女もまじる古老四人が思い思いに体験を語る。

話が話を呼んで、出征兵を万歳で送る場所のことから、スリルたっぷりの男女交際「よばい」にとんだりする。そんな開けっぴろげな風習の女性版が「女の世間」だ。ここで早乙女がかわす田んぼのなかのエロ話を落語のネタとすれば、つぎの「土佐源氏」は江戸の黄表紙に似る。芝居に身がはいると背が背もたれから離れることがあるが、その背離れがおきる一篇である。土佐の山中の橋の下の乞食小屋に住む盲目の男の回顧だ。牛の売り買いをする馬喰で暮らして「牛と女のことしか知らない」という八十翁が、死ぬまで話すまいと思っていたと前置きして、女たちとのいとなみを赤裸に語る。昭和のポルノグラフィの歴史の特筆すべき一篇といえよう。

「梶田富五郎翁」は三つで孤児となった男の人生である。五つ六つから船にのせられ漁師に育った。「世間師」は奔放な旅で「世間をした」大工や八卦見が遍歴を回顧する。その個性的な人生を思うと、今日の人は「論理的に自我を云々しつつ自身の行動は類型的」と著者はいう。また「あとがき」で、われわれは「自分たちより下層の社会に生きる人々を卑小に見たがる傾向がつよく、それで一種の悲痛感をもちたがる」といい、本人の立場に立って見ることの必要を説く。

民俗学を土地の習俗を伝承者や古文書から探ることとするなら、著者はそれを超えている。この本は、伝承者自身を舞台に立たせて自我を語らせる、すぐれて演劇的な試みである。(荻内勝之)

KEYWORDS

足、耳、手、無文字、有文字

| 著者紹介 | 1907年生、1981年没。民俗学者。行動する社会・歴史学者。著書『宮本常一著作集』(未來社。1976年刊行開始、2012年現在、既刊第51巻)。著書『家郷の訓』(岩波文庫)。『民俗学の旅』(講談社学術文庫)。 |

「集団主義」という錯覚
日本人論の思い違いとその由来

高野陽太郎
新曜社、2008年、2,700円+税

▶「日本人=集団主義」という図式の否定

　世の中に「日本人は集団主義である」という認識をもっている人は少なくないだろう。この認識は「欧米人は個人主義である」という認識との対比のうえに成り立っている。そして、「日本人は集団主義的な文化をもっている」といったときには、「個我が確立されていない」、「自己主張ができない」といったネガティブなイメージと結び付けられて語られがちである。ところが、高野はさまざまな側面から「日本人=集団主義」という通説を崩していく。

　本書は大きく4部に分けて構成されている。第1部では、「日本人は集団主義である」という日本人論の概説と、そのような日本人論に対してこれまでに行われた反論とそれらが通説を覆せなかった理由についての考察が行われる。

　第2部は「日本人=集団主義」をさまざまな角度から否定する、本書の中核となる部分である。「日本人=集団主義」という図式を心理学の実証研究は支持していないことが示される。著者のこの主張に対する文化心理学者からの反論が示されるが、そのうえで著者による再反論が行われていく。さらに、言語、教育、経営、歴史という別の角度からも通説が否定されていく。

　第3部では、第2部での通説の否定を踏まえたうえで、なぜ通説がまかり通っているかが検討されていく。その検討も、戦時下という歴史的観点、思考のバイアスという心理学的観点、「個人主義」というイ

デオロギーに関する思想史的観点といった多様な観点から行われる。

最後の第4部では「精神文化」についての再検討が、心理学的議論を中心にして行われる。パーソナリティ研究における一貫性論争からの知見などが紹介され、国民性の過大評価と状況の力の過小評価が指摘される。そして最後に文化ステレオタイプの問題が論じられる。

著者は心理学が専門であり、言語学、教育学、経営学、歴史学などは専門外といえる。だが本書では専門外の議論もあえて含めることで、議論に厚みをもたせ、説得力を増している。もちろん心理学を中心とする章の内容は深い。とくに通説を支持する文化心理学者からの反論に対する再反論では専門的で高度な議論が披露される。

グローバル化が進むなかで異文化間コミュニケーションの機会が増加するが、本書では精神文化の違いを誇張する文化ステレオタイプは無用な対立を助長してしまう可能性が指摘される。これはグローバルコミュニケーションを考えるうえでの重要な指摘である。また、本書の最後には通説にとらわれないためのチェックポイントとして比較、思考バイアス、状況の3段階が挙げられている。これらはグローバルコミュニケーションに臨むうえで心に留めておくとよい点だろう。

本書の批判対象となっているものを含めて、日本人論を概観したい人には大久保喬樹『日本文化論の系譜』(中公新書) が参考になるだろう。また、文化人類学の立場から日本人論を考察した本に船曳建夫『「日本人論」再考』(講談社学術文庫) がある。(北村智)

KEYWORDS
日本人論、国民性、比較文化、文化心理学、ステレオタイプ

著者紹介
| 1950年生。1985年にコーネル大学で博士号取得後、ヴァージニア大学専任講師、早稲田大学専任講師、東京大学助教授を経て、東京大学大学院人文社会系研究科教授(心理学研究室)。専門は認知心理学・社会心理学、とくに思考、形態認識、社会的認知、記憶を研究テーマとしている。著書に『傾いた図形の謎』(東京大学出版会)、『鏡の中のミステリー』(岩波書店)、『認知心理学』(放送大学教育振興会) など。

ジモトを歩く
身近な世界のエスノグラフィ

川端浩平
御茶の水書房、2013年、2,800円＋税

▶フィールドワークによって初めて可視化する身近な世界

　日本では地方の衰退が叫ばれるようになって久しいが、その一方で近年は地域活性化や地元回帰といった動向もみられる。ここで地方、地域、地元という言葉が重なりつつもずれながら指し示している対象を、差別・排除のメカニズムに注目しながらエスノグラフィックに論じたのが本著だ。

　著者は、海外滞在中に培った「越境」という視点を活かしながら、故郷である岡山を対象に10年以上にわたるフィールドワークを実施した。そのうえで、身近にもかかわらず／だからこそ表象から漏れてきた生活空間を、在日コリアンに注目をしながら「ジモト」という概念で浮かび上がらせ、そこからナショナリズム、グローバル化、新自由主義、中心と周縁といったマクロな問題の考察を試みている。

　本著は全4部で構成されている。

　第1部「越境とジモト」では、自己の経験と日本研究の検討から得られた越境的視点から、オルタナティブな時空間としてのジモトを捉える重要性を主張する。さらに、従来使用されてきた地方、地域、地元の概念を整理したうえで、ジモトという概念の導入により、不可視化されてきたローカルなリアリティを明らかにすることを通じて、グローバル化と知的生産のヘゲモニーに対抗する可能性を指摘する。

　第2部「在日コリアンをめぐる記憶とジモト」では、岡山の中小企業の従業員を対象に参与観察を行い、ランチタイムの過ごし方、交わ

されるおしゃべりなどといった日常の断片から、グローバル化や新自由主義のもとでもたらされる不安やストレスが、北朝鮮や在日コリアンといった存在の排除につながり、結果的にナショナリズムを促進するというメカニズムを明らかにする。

第3部「在日コリアンにとってのジモト」では、在日コリアンの若者を対象にインタビュー調査を行い、学校生活や在日青年会での活動、あるいは恋愛や結婚において、差別や排除に直面しながらも複雑な交渉を通じて帰属感覚が構築されることを描き出す。そして、共同体の解体を背景にエスニシティをめぐる問題が個人化されていくなかで、新しい帰属感覚とネットワークが形成される可能性を指摘する。

第4部「ジモトの再解釈」では、在日コリアンの日常実践についてさらに考察を深めるとともに、これまで分析対象としてこなかったフィールドワークのデータを再検討する。さらに被差別部落出身者やホームレスにまで議論を広げて、ジモトにおける差別・排除の構造を考察し、最終的には地域社会における他者性と共生の意味と可能性を論じる。

データ分析に緻密さを欠く面も見られるが、社会学的な先行研究に精通したうえで、現代日本の抱える問題を果敢に取り上げた力作である。多文化共生の意味を真摯に深く考えたい読者には、本著でもしばしば言及される『ラディカル・オーラル・ヒストリー』(保苅実、御茶の水書房)をすすめる。(深山直子)

KEYWORDS
ジモト、エスノグラフィ、越境、在日コリアン

著者紹介 | 1974年岡山県生まれ。現在は関西学院大学先端社会研究所専任研究員。1998年カリフォルニア大学ロサンゼルス校人文科学部東アジア学科卒業、2001年国際大学大学院国際関係学研究科修士課程修了、2006年1月オーストラリア国立大学アジア学部アジア歴史・社会センター博士課程修了、Ph.D.取得。専門は、差別・排除、ナショナリズム、エスニシティの社会学的研究、地域研究(Japanese Studies)、カルチュラルスタディーズ。

菊と刀
日本文化の型

ルース・ベネディクト（長谷川松治 訳）
講談社学術文庫、1,250円＋税

The Chrysanthemum and the Sword, 1946

▶ 日本文化研究に逆照射されて
▶ 浮かび上がるアメリカ文化

　私は英語のネイティヴスピーカーである。高校でロシア語を勉強していたさいに、英語話者のために書かれたロシア語の慣用表現集が翻訳調であることに気づいた。つまり、英語の性質を尊重したうえでのロシア語であるがために、ロシア語としては不自然に思えたのだ。そこで私は、ロシア語話者のために書かれた英語の慣用表現集を買い求めることにした。内容の一覧表と索引はロシア語だったので少し使いづらいし、英語にはときどきおかしなところもあったが、ロシア語は自然体でたいへん役に立った。日本人にとってルース・ベネディクトの本は、私にとってのこの慣用表現集と似たような価値がある。日本文化というよりもむしろアメリカ文化を理解するうえで、役に立つというわけだ。

　たとえばベネディクトは、階層制度と平等に関する見解において、アメリカ文化に対する深い洞察を示す。そのさいにまず、日本社会において階層制度が重要な要素であることは言葉にも反映されていると説明する。「人と挨拶をし、人と接触する時には必ず、お互いの間の社会的感覚の性質と度合とを指示せねばならない。日本人は他人に向かって'Eat'〔「食え」〕とか'Sit down'〔「坐れ」〕とか言うたびごとに、相手が親しい人間であるか、目下の者であるか、あるいはまた目上の者であるかによって別な言葉を使う」（第三章）。他方アメリカ人は自分たちが平等であると考え、階層制度に基づく慣習に注意を払わない

と指摘する。この平等性はやはり言葉にも反映されており、'you'や'Sit down'などの言い方は、自分と相手の関係性とは無関係に1つしかないという。

　ベネディクトがこの点を強調するのは、アメリカ人の視点からは、家族のあいだでさえ階層性が重要視されるということが想像しがたいからだ。「われわれはわれわれの家族のふところに戻ってきた時には、形式的な礼儀は一切脱ぎ捨ててしまう。ところが日本では礼儀作法が学ばれ、細心の注意をもって履行されるのは、まさに家庭においてである」(第三章)。

　さらにベネディクトは、日本の階層制度の重視とアメリカの平等の重視という対照的な姿勢が、国家間の関係性に至るまで社会のあらゆるレベルに見てとれることを論じる。真珠湾攻撃の前日、日本政府は「万邦ヲシテ各其ノ所ヲ得シメントスルハ帝国不動ノ国是ナリ」と発表した。これは、社会の成り立ちが不平等と階層制度に基づくという根源的な信念を表すという。一方、「平等はアメリカ人の、よりよき世界の希望の、最高にして最も道徳的な基礎である」と指摘し、アメリカは平等の原理に立脚していると指摘する(第三章)。

　本書の初版(英語版)は、約60年前に出版された。私たちがいま暮らしている日本と、ベネディクトが書き記した日本を比べることは、日本文化がいかに変わり、いかにそのままであるか、という両側面を考えることにも繋がる。(Peter Ross、深山直子訳)

KEYWORDS
アメリカ、日本文化研究、階層制度、恩、義理、恥

著者紹介 | Ruth Benedict　1887年ニューヨーク生まれ、1948年没。アメリカ合衆国の文化人類学者。コロンビア大学大学院で1923年に博士号を取得、同大学で教鞭を握り始める。1930〜1940年代にアメリカ人類学界で主流だった「文化とパーソナリティ」論における主要な担い手。1934年に『文化の型』(米山俊直訳、講談社学術文庫)を出版。1946年に、戦時中に政府の委嘱を受けて行った調査研究を基に『菊と刀』を発表。

オリエンタリズム 上・下

エドワード・サイード(今沢紀子 訳、板垣雄三・杉田英明 監修)
平凡社ライブラリー、1993年、上・下各1,553円+税

Orientalism, 1978

「西洋」の権力は「東洋」に関する知によって構築される

　オリエンタリズムとはオリエントという「心象地理」、すなわち西洋人の頭のなかのイメージを、他者の住む異空間として表現することである。その前提には、東洋人が西洋人より劣った存在で、東洋は西洋による支配の対象とされ、東洋の人種や性格、文化、歴史、伝統、社会などが西洋的知識によって解明されるべきだという思い込みと、オリエントと概括して呼びうる地域はインドもエジプトもアフリカも中国も同じだという決めつけがある。このような他者の主体性を無視し、他者同士の違いを抹殺する姿勢がオリエンタリズムの根本にある。サイードは、18世紀後半から20世紀中葉までの英国とフランスの著作家による、当時オリエントと呼ばれた「中東」に関する旅行記や政治的文書、小説の読解を通して、西洋がオリエントを表すとき経済的、政治的に不平等な権力関係が作用した結果、西洋のオリエントに対する想像力が歪曲されたと論じる。

　オリエンタリズムとは、実際に人が生きている東洋の諸地域を画一化する「知」の制度である。その知識は、一方で対象を分類し再構成し陳列することで自己の権威を形作り、他方で植民地支配という暴力的な権力構造によって支えられている。つまりオリエンタリズムとは「言説」である。言説とは知識を表明する言葉の束であると同時に、特定の権力関係を背景として機能する言語表現だ。言説としてのオリエンタリズムは、現実に存在する東洋の他者に関する表現である必要

はなく、ヨーロッパが自己を構築する際に自らがそうあってはならない負の側面を表わす。オリエンタリズムとは、西洋が自分を映しだす鏡の裏面なのである。

オリエントを自分とは異なるものとして疎外することでヨーロッパのアイデンティティは成立してきた。オリエンタリズムは「東洋は自らを表象・代弁・代表することはできない」と主張し、それによってヨーロッパによる非ヨーロッパ世界の支配を正当化する。「我々」である西方ヨーロッパは合理的、平和的、自由主義的、論理的であり、「彼ら」である東方オリエントはその正反対とされる。このような物言いが生産されるためには不均衡な権力関係が不可欠である。そうした権力関係は、政治(植民地や帝国の制度)、学問(比較言語学、比較解剖学、現代政策諸科学)、文化(趣味や文学作品)、道徳(「我々」と「彼ら」の行動が違うという観念)といった諸分野を横断し、知識の源泉である東洋学者(オリエンタリスト)と、情報の提供源として客体にすぎない東洋人(オリエンタル)との二項対立が強化される。オリエントは「ヨーロッパがみずからを、オリエントと対照をなすイメージ、観念、人格、経験を有するものとして規定」することを助けてきたのであり、オリエントとはヨーロッパの「もっとも奥深いところから繰り返したち現れる他者イメージ」の1つだ。自分自身にとって好ましくない後進性、奇矯性、官能性、不変性、受動性といったレッテルを東洋に貼ることで西洋は自らの自己同一性を確保するのである。(本橋哲也)

KEYWORDS
オリエンタリズム、他者表象、言説、知、権力

著者紹介 | Edward W. Said 1935年パレスチナ生、2003年米国で没。コロンビア大学教授。生涯にわたって知の倫理を問い続けた。本書以外に、『パレスチナ問題』(1979年)、『イスラム報道』(1981年、以上、みすず書房)、文学批評に関する『始まりの現象』(1975年)、『世界・テキスト・批評家』(1995年、以上、法政大学出版局)、『文化と帝国主義』(1993年、みすず書房)、『知識人とは何か』(1994年、平凡社ライブラリー)などがあり、ほぼすべての著作に邦訳がある。

シェイクスピア
言語・欲望・貨幣

テリー・イーグルトン（大橋洋一 訳）
平凡社ライブラリー、2013年、1,500円＋税

William Shakespeare, 1986

シェイクスピアは
マルクスやフロイトやデリダを読んでいた

　著者のテリー・イーグルトンは英国を代表する「マルクス主義批評家」だが、そこから連想されるかもしれない硬直した文学読解の姿勢とは無縁の批評家である。彼の批評はその対象が文学テクストであれ、哲学やイデオロギーであれ、社会事象であれ、テクストの細部に目が届いた刺激的な視点が多く、ユーモアにも富んでいる。

　本書は第1章から第6章まで、それぞれ「言語」、「欲望」、「法」、「「無」」、「価値」、「自然」という表題がつけられ、『マクベス』『オセロー』『ハムレット』『リア王』などの悲劇から、『夏の夜の夢』『十二夜』『ヴェニスの商人』『お気に召すまま』といった喜劇、そして『リチャード二世』『ヘンリー四世』『コリオレーナス』『アントニーとクレオパトラ』のような歴史劇、そして『冬の夜語り』『テンペスト』などシェイクスピア晩年のロマンス劇まで、17の戯曲が論じられており、この200ページほどの本で読者はシェイクスピア演劇をほぼ一望のもとに概観できることになる。

　イーグルトンの視点は一貫して、シェイクスピアという16世紀末から17世紀初頭まで、すなわち「近代初期」と呼ばれる現在に至るヨーロッパの原型ができる時期に活躍した劇作家のなかに、いまも私たちを規定する「ヨーロッパ的近代」の価値観とその批判を読み取ろうとする姿勢に支えられている。すなわちこの本で、シェイクスピアはけっして神聖視される古典でも、世界の演劇界を支配してきた普

遍的劇作家でもなく、経済的格差や社会的な性差であるジェンダー、「人種」や民族的差異、性欲に関わるセクシュアリティによる差別といった、私たち自身の日常をいまだに縛る文化の政治的力学を正面から問題にした思想家として扱われているのである。

　イーグルトンは、そのようなヨーロッパ的近代の価値観の問い直しとして始まった20世紀の思想や哲学や批評、マルクス主義から精神分析、言語学から（ポスト）構造主義批評までを参照項として、シェイクスピアのテクストを縦横無尽に解体してしまう。たとえば最初の章でマクベスの死の直前の有名な独白は次のように論じられる――「マクベスにとって、自分の手をたえずすりぬけるアイデンティティの追求はやむことがない。そしてシニフィエをしっかりつなぎ止めておこうとするこの不毛な終わりなきいとなみのなかで、いつしかマクベスは浮遊するシニフィアンそのものと化していく……」。こうして本書は、シェイクスピアのようなこれまで聖典視されてきたテクストを現代の政治経済文化的文脈のなかで読み直す1980年代からの傾向に拍車をかけた影響力ある著作の1つとなった。シェイクスピアがいまだに面白いのは現在の私たち自身の生活に直結しているからだ、という当然の真理を明晰かつ簡潔に喝破した本としていつまでも読み継がれることだろう。なお本書の試みをさらに拡張してシェイクスピアの全作品に言及した本として、本橋哲也『思想としてのシェイクスピア』（河出ブックス）も参照していただければ幸いである。（本橋哲也）

KEYWORDS
言語、自然、欲望、価値、法

著者紹介　Terry Eagleton　1934年英国サルフォード州生。ケンブリッジ大学でレイモンド・ウィリアムズの下で学ぶ。1969年よりオックスフォード大学ウォッダム・カレッジで批評理論を教える。マルクス主義批評家として、『マルクス主義と文芸批評』（有泉学宙訳、国書刊行会）、『クラリッサの凌辱』（岩波書店）、『文学とは何か』（岩波書店）、『批評の機能』（紀伊國屋書店）、『イデオロギーとは何か』（平凡社ライブラリー、以上大橋洋一訳）などの著書があり、邦訳も多い。

ドン・キホーテ

ミゲル・デ・セルバンテス（荻内勝之 訳）
新潮社、2005年、全4巻14,000円＋税

Don Quijote de la Mancha, 1605（前編），1615（後編）

▶ 16、17世紀スペインの文学作品がすべて消えても『ドン・キホーテ』さえ残っていれば再現できる

　さまざまに読める本である。作者セルバンテスの時代、読者は「腹を抱えて笑った」が、太平洋戦争の時代、学徒でビルマに動員された長南実は「ぼろぼろ、涙をながして読んだ」。のちの東京外語大教授である。機関銃創で野戦病院にいた8か月にスペイン語原書を読んだ。ドン・キホーテは侠気の仁であり、我が身をかえりみず人に尽くす。作者セルバンテスも祖国のために戦って左手の自由を失った。

　評者は大学紛争の時代、25歳で長南実と同じ原書の全8巻を読んだ。最後の1巻は風呂で、ぼろぼろ涙した。読み終わったときには湯が水になっていた。余白に「悪代官をたたッ斬った國定忠次はドン・キホーテだ」と書き込んだ。映画の三国連太郎がそのように演じていたからであろう。

　作者は、この本を書くにあたって「ふさいでいる人の気が晴れて笑う人がもっと笑い、馬鹿が腹を立てないように書け」という友人の助言に従った。結果、言葉の可笑味を融通無碍に引きだし、極上の滑稽本ができた。また、「文章一つ、節一つ、どれも語呂がよいこと」に心がけたら耳でも読ませる本になった。そして何より会話がうまい。ドン・キホーテとサンチョ、主従のやりとりの睦まじいこと妬ましく、そのままで芝居の脚本だ。手紙も然り、交換日記はもうラブレターだ。無文字のサンチョ夫婦のかわす手紙も傑作だ、腹をかかえたまま胸をうたれる。セルバンテスは言葉の「うがち」の達人だ。後篇

で支那の大帝が、作者に支那でスペイン語を教えてと請い、教科書は『ドン・キホーテ』と指定したのは、そこに見られる広範な言語能力に惚れてのこととうなずける。その表現領域の広さと奥の深さゆえに後世は「16、17世紀のスペインの文学作品が全て消えたとしても『ドン・キホーテ』さえ残っていれば再現できる」とまでいう。

　作者は22歳でキリスト教スペイン軍に入隊、26歳でイスラム教勢力に捕われアルジェで5年の捕虜生活を送った。前篇の「捕虜の回想」はその体験に拠る。帰還後、海軍の食料調達吏を務めた。農場を回って大麦、小麦、オリーブ油を供出させる仕事だ。大麦は荷役の騾馬の餌、小麦は粉にしてオリーブ油で捏ね、ビスケットに焼いて艦船へ。英国を攻めた無敵艦隊のビスケットは、作者が集めた小麦で焼いたのだ。やがてスペイン帝国という巨大戦艦は傾き始め、セルバンテスは、腐敗した会計院からあらぬ不正を問われ、投獄された。1598年、50歳であった。「ドン・キホーテ」という人物はその獄で着想したものである。本書は1605年に発行された。主人公は50歳の老人である。それが遍歴の騎士を名乗って徘徊する。そこは、作者が麦を集めて歩きに歩いた酷熱のラ・マンチャの平野だ。流行の騎士物語の世界がそこにセットされる。その門出の艶姿を本人のつぶやきに見よ。「やわらかき羽根の褥を蹴り出で、雷名轟くロシナンテにこそうち跨がったり。向かう旅路は、いにしえよりモンティエルと人のいう、その大平原」。（荻内勝之）

KEYWORDS
スペイン、文学、騎士、滑稽本

著者紹介　Miguel de Cervantes Saavedra　1547年スペイン生、1616年没。軍人、海軍の食糧調達吏、小説・戯曲家。他に短編小説集『模範小説集』（牛島信明訳、岩波文庫）、長編小説『ペルシーレス』（荻内勝之訳、ちくま文庫）。『ラ・ガラテア／パルナソ山への旅』（本田誠二訳、行路社）。研究書にアメリコ・カストロ著『セルバンテスの思想』（本田誠二訳、法政大学出版）。

: 第 4 章 :

コミュニケーションの原点を学ぶ

　本章では、コミュニケーション分野の基本図書のなかでこれまでの章に含まれなかったものから9冊、対人コミュニケーション分野から9冊、社会学・社会心理学の分野から9冊、情報論・情報技術史分野から6冊を選書した。それでいながら合計が25冊であるのは、複数のカテゴリに含まれる図書があるためだが、それはコミュニケーションという研究分野が横断的であり、広がりをもっていることを示している。さて、本章の図書はあるルールにより配列されているのだが、これを読者の方々に考えていただくのも1つのコミュニケーションだろう。

定本 想像の共同体
ナショナリズムの起源と流行

ベネディクト・アンダーソン（白石隆、白石さや 訳）
書籍工房早山、2007年、2,000円＋税

Imagined Communities: Reflections on the Origin and Spread of Nationalism, 2006

▍国民国家の実像を鮮やかに描き出した新たなる古典

　グローバル化が叫ばれるいま、「ナショナリズム」という言葉はどうも評判が悪い。だが一昔前、それは眩い光彩をはなっていたし、だからこそ再び、その輝きを取り戻そうと夢見る政治家もいる。とすれば、ナショナリズムとはいったい何か、それはいかにして勃興したかについて犀利に分析した本書は、必読の書物に他ならない。

　かつて中世には、日々の暮らしの辛酸をやわらげてくれる救済装置が宗教的共同体だった。その権威が崩れていったとき、代わって出現したのは、出版資本主義と一体になった近代的な言語共同体である。共同体とは元来、顔をつきあわせて生活をともにする少人数のものだが、こうして、一度も会ったことのない何百万もの人々が、同じ言語の出版物をもとに想像力を介して共同体をつくりだす。だから国民国家とはまさに「想像の共同体」に他ならない。要するに、想像の共同体である国民国家を強固に支えるイデオロギーとしてナショナリズムが生まれたのだと、とりあえず整理することができるだろう。

　とはいえ、その内実は地域によって異なり、一様ではない。本書ではこれを3つに分類している。第一は、新大陸のクレオール (creole) ナショナリズムである（「クレオール」とは新大陸で生まれた白人のこと）。18世紀末のアメリカ合衆国の独立は通常、経済的利害や啓蒙主義思想から説明されるが、著者はクレオール出版業者の果たした役割に注目する。とりわけ新聞が与えた影響は決定的だった。広大な植民地に

点在する互いに見知らぬ人々が、新聞を介して起きつつある事件の進捗を知り、本国に対抗する同胞意識を燃え立たせたのだ。

　第二は、ヨーロッパで起きた俗語 (vernacular) ナショナリズムである。かつて中世ヨーロッパではラテン語、ギリシア語、ヘブライ語だけが正統な文語であり、各地で話される多様な口語はみな卑俗な方言にすぎなかった。しかし、やがてフランス語、英語、ドイツ語が出版物の文語として台頭し、18世紀末から20世紀初めにかけ、ルーマニア語、チェコ語、ハンガリー語、セルボクロアチア語、ブルガリア語、フィンランド語、ノルウェー語などの諸言語について、相次いで辞書と文法書が編纂され、さらにその言葉で綴られる国民文学が生まれた。そして、それらを読み書きする中産階級ブルジョワジーを中心に、いわゆる国民国家 (nation state) が形成されていったのである。

　第三の公定 (official) ナショナリズムは、このようなヨーロッパの民衆的国民運動とは異なり、むしろ「それへの応戦」として王朝帝国が発展させたものにほかならない。ロシアのロマノフ王朝に代表されるように、国民的な共同体によって排除されるべき支配階層が、予防のために採用する戦略なのだ。そこでは国民はなお臣民であり、初等義務教育も国史編纂も国家の統制のもとで行われることになる。

　では明治維新後のこの国のナショナリズムは、以上3つのうちのいずれに分類されるのか。――答はもはや明らかだろう。(西垣通)

KEYWORDS
国民国家、ナショナリズム、言語共同体

著者紹介｜Benedict Richard O'Gorman Anderson　1936年中国雲南省昆明生。米国の政治学者。英国ケンブリッジ大学で古典学を学び、米国コーネル大学教授を経て現在は名誉教授。専門はインドネシアをはじめとするアジア研究。本書の邦訳は、同一タイトルで、同一訳者により3回刊行された。初版刊行 (リブロポート) は1987年、この内容に第10、11章を追記した増補版刊行 (NTT出版) は1997年。そしてさらに最終章を追加したのが、この定本である。

精神の生態学

グレゴリー・ベイトソン(佐藤良明 訳)
新思索社、2000年、6,500円+税

Steps to an Ecology of Mind, 1972

ダブルバインドのコミュニケーション理論

　人と人との対面的コミュニケーションは、メッセージのやりとりによって成り立っている。ただし、言葉の字義通りの意味がメッセージであるとは限らない。言葉と態度は往々にして裏腹である。著者ベイトソンは、精神分裂病(統合失調症)が個人自身に起因する病ではなく、個人を取り巻く家族システムにおけるコミュニケーションの病であると考え、従来の理論に根本的な転換を迫る発想、ダブルバインド(二重拘束)仮説を提唱した。

　この仮説は、メッセージにかんする以下のような考え方を基礎にしている(論理学の論理階型論の応用)。たとえば、「あなたなんか嫌い」「おまえなんか嫌いだ」といった発言はかならずしも「嫌悪」を意味するとは限らず、「好意」を示唆することがある。そこでは、レベルを異にする2種類のメッセージが発信されている。つまり、①「言葉の字義通りの意味を示すメッセージ」(=「私はあなたが嫌いです」)と、②「①のメッセージに付随し、そのメッセージが何を言わんとしているかを示すメタメッセージ」(=態度などによって示唆される「私はあなたが好きです」というメッセージ)の2つである。

　ダブルバインドとは、おおよそ、以下の条件が重なった状況をさす。①ある人が他者と抜き差しならぬ関係に巻き込まれている。②他者がレベルを異にする相対立する2つのメッセージ(第一次のメッセージおよび、第一次メッセージを否定する第二のメタメッセージ)を述べる。③そ

の人は、他者の相互に矛盾するメッセージに直面しながら、その矛盾について何も言えない。このような状況にはまり込むと、人は相対立するメッセージの板挟みになり、矛盾をはらんだ認識とコミュニケーションの循環から逃れられず、メッセージやメタメッセージの認識とコミュニケーション能力に障害をきたす。その障害は、メタメッセージを適切に理解できない、メタメッセージを無視して相手の真意を言葉通りにしか理解できない、すべてのメッセージとメタメッセージを無視する、といった症状として現れる。

　私たちの日常的なコミュニケーションは、メタメッセージを感知しながら「相手が言わんとすること」を解釈し、メタメッセージを駆使しながら「相手に言わんとしたいこと」を表現することによって成り立っている。ただし、メタメッセージはスムースにやりとりされるとは限らない。歪んだコミュニケーションに関するベイトソンの緻密な観察と分析は、人間の認識とコミュニケーションの基本構造について多くのヒントをいまなお与え続けてくれている。

　本論文はベイトソンの思索のごく一部である。以下の文献も参照していただきたい。ベイトソン『精神と自然』(佐藤良明訳、新思索社)。本仮説をさらに展開させた対人関係論については、R.D.レイン『自己と他者』(志貴春彦・笠原嘉訳、みすず書房)を参照のこと。(池宮正才)

KEYWORDS
ダブルバインド、メタメッセージ、家族療法、映像人類学

著者紹介 | Gregory Bateson　1904年英国生、1980年没。ケンブリッジ大学で生物学、大学院で文化人類学を学ぶ。ニューギニア調査の結果は、後の映像人類学に大きな影響を与える。ノーバート・ウィーナーらとサイバネティクス学会を主催、精神医学研究、イルカの研究など、研究領域は多岐にわたり、後には言語論、学習論、進化論、動物コミュニケーション論を総合した新たな認識論を構想する。

モダン・コンピューティングの歴史

ポール E. セルージ（宇田理、高橋清美 監訳）
未來社、2008年、5,800円＋税

A History of Modern Computing, 2003

IBMの大型機が開発されて以来の
コンピュータビジネスの発展史

　本書は年代別にコンピュータ技術を、ハードウェアを中心としつつ、ソフトウェアについても触れながら整理した歴史書である。

　コンピュータ技術は1940年代後半に最初のコンピュータENIACがユニバックとして商用化されたところから始まる。次にコンピュータビジネスが拡大しIBMが市場を支配するに至った1950年代半ばから1960年代前半、DEC（デジタルイクイップメントコーポレーション）によるミニコンピュータの開発が進んだ1960年代と進む。IBMシステム360の開発によるIBMの全盛期として1960年代から1970年代半ばまでが描かれる。これは現在も銀行などで使われている大型コンピュータの直接の祖先ともいうべきコンピュータである。時期的にはそれと並行して進んだマイクロプロセッサの開発から、1970年代のパーソナルコンピュータビジネスの勃興という流れを順に追っていく。

　ソフトウェア技術史としては、1950年から1960年代にかけてのFORTRANやCOBOLという各種の言語の開発や、コンピュータ科学の誕生までをまとめている。さらにパソコン技術のルーツとしてのDECのソフトウェア技術や、UNIXの果たした役割を振り返り、パソコンソフトウェア市場の拡大をマイクロソフトの偶然による単なる成功物語としてではなく、技術的観点からも検討している。

　また本書の特徴としては、政府とくに軍やNASAがコンピュータ産業に果たした役割を丹念に追っているという点にある。インターネッ

トの発展にも軍がかかわり、NSFという政府の研究資金が発展を支えたことが知られているが、同様にコンピュータ産業もまた政府によって育てられた面がある。

　本書を通じてもっとも大きなプレーヤーとして登場するのがIBMである。ユニバックの成功を見てコンピュータ市場に参入を開始したIBMは、1950年代初頭から1980年代までの長きにわたって市場を支配してきた。そのIBMに多くのベンチャー企業が独自の市場を切り開く新しいマシンによって対抗してきたことが描かれている。その1つがケン・オルセン率いるDECであったわけだが、このDECが果たした役割について、ミニコンピュータ市場の開拓に加えて、コンピュータビジネスの文化に与えた変化や、パソコンソフトウェアやインターネットの構築に与えた影響までも検討を行っている。

　クリスチャン・ワースター『コンピュータ：写真で見る歴史』(タッシェンジャパン)には本書で登場するコンピュータの写真が多く掲載されている。大きさを含めイメージがわくため参考になるだろう。本書ではあまり触れられなかった、カウンターカルチャーがいかにパソコンの誕生に影響を与えたかについては、本ガイドに採録した『バーチャル・コミュニティ』の著者ラインゴールドによる『新・思考のための道具』(日暮雅通訳、パーソナルメディア)が参考になるだろう。また日本におけるコンピュータ開発史としては、情報処理学会歴史特別委員会編『日本のコンピュータ史』(オーム社)がある。(北山聡)

KEYWORDS
情報技術史、コンピューター、ソフトウェア、IBM

著者紹介 | Paul E.Ceruzzi　スミソニアン航空宇宙博物館のキュレーターとして、航空宇宙電子工学およびコンピュータを担当。エール大学卒業後、カンザス大学にて博士号を取得。サウスキャロライナ州にあるクレムソン大学の技術史の教員を経て、現職。本書のほか Computing, a Concise History (MIT Press, 2012) などの著書がある。

生成文法の企て

ノーム・チョムスキー（福井直樹、辻子美保子 訳）
岩波現代文庫、2011年、1,480円＋税

The Generative Enterprise / The Generative Enterprise Revisited, 2004

現代言語学の基礎を築いた生成文法の提唱者 チョムスキーは何を目指しているのか

　言語学者ノーム・チョムスキーは1950年代半ばに生成文法を唱え、以来第一線で理論言語学の研究に従事している。1980年代に入ると原理・パラメータ理論が展開され、言語類型論的に異なった言語の詳細な研究が爆発的に増加した。1990年代初頭からは極小主義プログラムのもと、言語理論の研究が進められている。

　本書にはチョムスキーと言語学者の対談が2つ収められている。1つは1979年〜80年にかけて行われたインタビュー、もう1つは2002年に行われたインタビューで、チョムスキーの科学観と言語観が語られる。2つの対談の間には20年の隔たりがあるが、生成文法が取り組むべき諸問題や研究姿勢は一貫しており、理論が推移した理由を窺い知ることができる。最初の対談「生成文法の企て」は過去に「月刊言語」に掲載されたが、新訳となっている。訳者が行った2つ目の対談「二十一世紀の言語学」は英語版よりも先に日本語版が出版された。対談の前に「訳者による序説」があり、生成文法の基本的な解説に触れることができる。また、この2011年版には「『生成文法の企て』の現在——岩波現代文庫版によせて」が加わっている。

　言語は人間の内に存在し、言語を生成する言語能力が研究の対象となる。よって、言語の研究は人間の脳の研究に他ならない。チョムスキーはいう。「脳の内に文法に対応する何かがなくてはいけないわけです。これは、間違いないことです。これに対して、言語に対応する

ようなものは、実在の世界に何もないんです。」ちなみに、心的実在性は現代言語学の根底にあり、理論言語学者はチョムスキーから直接的・間接的に強い影響を受けているといえる。

　生成文法は自然科学の一部であり、対談では数学、心理学、脳科学、生物学、進化論などに話が及ぶ。科学的な説明とはどうあるべきか、言語に関連する諸条件つまりインターフェイスの問題を考慮するとどのような理論が立てられるべきかということが論じられる。「なぜ」言語がいま在る状態になっているかという問題にどのように取り組めばよいかが語られ、極小主義において、従来仮定されてきたD構造やS構造が存在しないと考えるようになった理由や演算としては「併合」だけが存在する根拠が示される。

　対談の一部では生成文法の知識が前提となって話が進められるため、本書を読み解くには生成文法に関するある程度の知識が要求される。そのため、入門書などで基本概念などを補っておくと内容の理解が進むだろう。ついでにいうと、言語へのアプローチはチョムスキー流の生成文法だけではなく、現状としてはさまざまな言語理論が競合している。しかし、言語研究が何を目指すべきかを確認するためにも本書に収められた対談が重要であることは否定できない。

　『チョムスキー言語基礎論集』(福井直樹編訳、岩波書店)には1965年から2007年までのチョムスキーの諸論考が収められており、本書で興味をもった読者はそちらにも目を通すとよいだろう。(中村嗣郎)

KEYWORDS

生成文法、変換文法 (変形文法)、心的実在性、原理・パラメータ理論、極小主義

著者紹介 | Noam Chomsky　1928年、米国ペンシルヴェニア州フィラデルフィア生。1955年よりマサチューセッツ工科大学(MIT)に勤務し、現在は同大学を代表するインスティテュートプロフェッサー、名誉教授。生成文法の創始者かつ主導者である一方、米国外交政策に対する厳しい批判を行ってきた政治活動家としても知られる。

影響力の武器 第二版
なぜ、人は動かされるのか

ロバート B.チャルディーニ（社会行動研究会 訳）
誠信書房、2007年、2,800円+税

Influence: Science and practice 4th Edition , 2001

▌やつらの魂胆を見抜け

　米国でNational best seller！と評され、200万部を超す売れ行き。27か国語に翻訳されている、と聞けば、本書の価値がうかがえよう（「社会的証明」原理の応用）。

　本書は、相手に気づかれることなく「イエス」と言わせるテクニックを社会心理学の研究成果をもとに書かれている。

　著者が紹介するテクニック、つまり影響力の武器は、以下の6つに集約される。順番に見ていこう。

　「返報性」。相手がしてくれたことと同じような行為を相手に返すべきだ、という一般ルールの利用に加え、拒否されたら譲歩したように見せかけて、最終的に相手からイエスをもらう方法（ドアインザフェイス）も含まれる。たとえば、まず10%値上げを提案し、反対に会う。それを受けて8%アップの再提案をする。相手が譲ったのだからと、反対者も再提案に応じる。実は8%が当初目標だった。

　「コミットメントと一貫性」。多くの人は、自分の言動や信念に一貫性を保とうとする。したがって、最初のコミットメント（たとえば、意見表明）をいかに確保するかが重要になる。いったん意見を表明すると、それと一貫した言動が生まれやすくなる。

　「社会的証明」。他者の信念や行動は、その正しさを証明する手がかりとしても使われる。「みんながそうするから」原理といってもよい。ランキング情報や世論調査はその好例である。とりわけ、状況が不確

実な場合、他者が自分に類似している場合、強い影響力を発揮する。

「好意」。好意を感じている人に頼まれると、大抵の人はイエスと言う。この現象を利用して、セールスマンは自己紹介をする。たとえば、出身地が同じだけでも、顧客は相手に好意を感じ、応じてしまう。

「権威」。人は、概して専門家や制服、ブランド品といった、権威に弱い。しかも、人にはその影響力を過小評価する傾向が見られる。「いい品物だから買ったのであって、有名なブランドだからではない」と答える人がいかに多いことか。

「希少性」。当地限定をうたう商品に、期間限定の文字が並ぶ商品。それらは、入手困難なものに価値を見いだす傾向を利用している。入手困難と聞かされると、人は自由を奪われたと感じ、それも希少性原理として働く。

私たちが自分で決断したと思っていることがらも、誰かにそう決めさせられているのかもしれない。それが好ましい結果をもたらすのであればまだしも、そうとは限らない。本書は「搾取をする人に対する私自身の、そして私たちすべての戦い」の心強い味方である。

本書とセットで読むことをすすめたいのが、N.J.ゴールドスタインら『影響力の武器 実践編』(安藤清志監訳、誠信書房)である。政治宣伝や広告における「説得」への防衛には、A.プラトカニスとE.アロンソン『プロパガンダ』(社会行動研究会訳、誠信書房)が役に立つ。(川浦康至)

KEYWORDS
説得、意思決定過程

著者紹介 | Robert B. Cialdini　社会心理学者。1967年にウィスコンシン大学を卒業、1970年には博士号を取得(ノースキャロライナ大学)。2003年、アメリカ性格社会心理学会ドナルドT.キャンベル賞受賞。アリゾナ州立大学名誉教授、Influence at Work (IAW) 社長 (http://www.influenceatwork.com/)。本書の刊行後、原著には第5版が出ていて、訳出が待たれる。

フロー体験
喜びの現象学

ミハイ・チクセントミハイ（今村浩明 訳）
世界思想社、1996年、2,427円＋税

Flow: The Psychology of Optimal Experience, 1990

達成可能な課題に取り組むときほど
楽しい気持ちを感じることはほかにないという話

　何かに夢中になるという経験は誰にでもよくあることだろう。それは遊びのなかだけでなく、仕事でも勉強でも起こる。1人でも、他の人たちとのチームプレイでも起こる。私たちはそのような状態になることを指して「ハマル」とか「ノル」といった言葉を使う。

　チクセントミハイは、私たちがこのような状態になることを「フロー」と呼び、「楽しい」とか「おもしろい」という言葉で形容される経験として感じられるものだという。この本によれば、私たちが「フロー」の状態になるときには、①いましていることへの集中、②そのこと以外からのそれほど無理のない離脱、③自己についての意識の消失、④時間感覚の喪失などを伴うが、同時に⑤没入している状態に対する自己統制ができていて、⑥達成可能な課題に取り組んでいるときに起こるものだということである。

　そんな「フロー」の感覚は、たとえば山登りで危険な岩を登るとき、チェスで強敵とゲームをしているとき、数学の難問を解こうとしているとき、仕事のなかで新しい方策を生みだそうとしているときなどに味わうことができるものである。また、野球やサッカーといった集団競技のなかでチームとしてプレイをしているとき、バンド仲間と音楽を演奏しているとき、あるいは、意見の対立点を巡って人と議論をしているときなどにも、経験できるものである。

　このような経験は、行うことが簡単である場合には味わえないし、

難しすぎる場合にもできずに終わってしまう。簡単であれば「退屈」や「飽き」を感じてしまうし、難しすぎれば「不安」や「諦め」が強くなって、二の足を踏んでしまうことになりかねないからである。「フロー」は、できると確信することよりも少しだけ難しいことや未知の領域に挑戦するときにこそ経験できるものだといえるだろう。

ただし、その成果が外発的な報酬、たとえば金銭や他者からの賞賛を伴うもので、そのことのほうに意識が強くなるときには、「フロー」の状態は訪れにくくなり、楽しさは減少してしまうことになる。「がんばれ」といわれて勝利や成功といった結果を気にしすぎれば、楽しさよりは辛さばかりを意識してしまうし、金銭的報酬を第一に考えれば、楽しむことよりは儲けることのほうに囚われてしまうからである。

「フロー」は私たちがやろうとするどんなことのなかでも味わう可能性がある。ただし、現代の仕事は、「フロー」を味わうことを第一の目的にはしていないし、その代わりに「余暇」として経験できる場所や機会がいろいろ用意されている。また、私たちが夢中になることには「フロー」とは違う「快楽」を求めたり、習慣化したり、中毒になったりして「耽溺」してしまうことも少なくない。「フロー体験」から生き方を考える。この本の第一のテーマがそこにあることはいうまでもない。(渡辺潤)

KEYWORDS
フロー、快楽、楽しみ、耽溺

著者紹介 | Mihaly Csikszentmihalyi　1934年ハンガリー人の外交官を父としてイタリアに生まれる。ローマでジャーナリストなどの活動をした後、1956年に渡米してシカゴ大学で博士号をとる。シカゴ大学で教職につき定年退職後にカリフォルニアのクレアモント大学院大学で教える。他に『楽しみの社会学』(新思索社)、『スポーツを楽しむ』(今村浩明ほか訳、世界思想社)、『フロー体験とグッド・ビジネス』(大森弘訳、世界思想社)などがある。

顔は口ほどに嘘をつく

ポール・エクマン（菅靖彦 訳）
河出書房新社、2006年、1,700円＋税

Emotions Revealed: Understanding Faces and Feelings, 2004

感情豊かな生活のために

　本書は「顔の表情を読むテスト」で始まる。14枚の顔写真がそれぞれ、どんな感情を表しているかを答えるようになっている。選択肢は次の7つ。怒り、恐怖、悲しみ、嫌悪、軽蔑、驚き、喜び。読み進むのは、それからだ。もちろん、回答しなくとも著者には叱られない。しかし、それ以降の文章理解に差が出るし、そもそも、この本を読んだことによる効果が計測できない。本書を読み終えたら、もう一度、このテストを受ける必要があるからだ。

　わたしたちは相手の感情を知ろうとし、その手がかりを得ようとして相手の表情を読み取る。同時に、自分の感情は表情を通じて相手に知られる。

　本編は、表情には文化差が見られないという、著者の長年の研究成果で始まる。以下、私たちはどんなときに感情的になるのか、感情の引き金は何か（第2章）、どうすれば感情的にならならずにすむか（第3章）と続く。ここでは、感情的になって後悔した際はそのエピソードを日記につけるようすすめられている。自分の感情的行動パターンの理解に役立つからだ。第4章では、感情反応（表現や行動、思考）がどのようにして形成されていくのか、感情的になったときの建設的対処法にふれられている。

　後半では、普遍的な個々の感情について、その感情の具体的引き金、感情の働き、精神的混乱との関連、自身のふるまい方、感情の兆

候、他人の感じ方に関する手がかりの所在が語られる。悲しみと苦悩 (第5章)、怒り (第6章)、驚きと恐怖 (第7章)、嫌悪と軽蔑 (第8章)。楽しい感情について対処法は不要だろう (第9章)。

本書の冒頭で、著者はこう書く。「過去、40年間にわたって、わたしは感情について研究してきた。その研究を通して学んできたことのうち、人生を感情豊かにするのに役立つと思われるものをすべて本書にひっくるめたつもりである」。つまり、40年の成果を余すところなく示してくれたのが本書なのである。

感情は、人生で重要な役割を果たしている。人は幸福という肯定感情を最大限にし、否定感情を最小限に抑えようとする。しかし、恐怖や怒り、嫌悪、悲しみ、苦悩といった「感情がなくして、わたしたちは生きていけない。重要なのは、そのような感情をもちながら、どのようにすれば上手に生きていけるかということなのだ」。だから、最終章のタイトルも「感情とともに生きる」。

本書で「嘘をつく」に興味を覚えた読者には、同著者による『子どもはなぜ嘘をつくのか』(菅靖彦訳、河出書房新社) をすすめたい。子供の嘘にどう対処すればいいのか、父たる著者、妻 (母)、息子の視点から語った本である。表情つまり非言語コミュニケーションの理解を深めたい人向けには、パターソン『ことばにできない想いを伝える』(大坊郁夫監訳、誠信書房) がある。(川浦康至)

KEYWORDS
表情、感情、非言語コミュニケーション、欺瞞

著者紹介 | Paul Ekman　1934年、米国生。心理学者。顔面表情 (感情表出) や欺瞞コミュニケーションの研究で知られる。2009年、「タイム」誌により20世紀でもっとも影響力のある100人に選ばれた。カリフォルニア大学サンフランシスコ校定年退職後、Paul Ekman Group (PEG) を設立し、研究成果の応用に力を注いでいる (http://www.paulekman.com/)。

インフォメーション
情報技術の人類史

ジェイムズ・グリック（楡井浩一 訳）
新潮社、2013年、3,200円+税

The Information: A History, A Theory, A Flood, 2011

情報の歴史をシャノンの情報理論から整理した壮大な試み

　文字の発明以来の情報の歴史を、情報理論のシャノンの業績が切り開いた地平を土台にして、グリック流に再検討したのが本書である。本文だけでも500ページを超える大部だが、さまざまな分野の入門的エピソード集としても読める。

　まずアフリカで近代以前から使われていた太鼓を利用した通信であるトーキングドラムのエピソードからはじまり、文字の歴史を本ブックガイドでとりあげたオング『声の文化と文字の文化』を通して理解し、英語辞書の歴史を振り返るまでが導入部である。

　機械式の計算機を構想し、コンピュータの祖先ともいうべき原理を考案したチャールズ・バベッジ、そのバベッジともにソフトウェアの基礎理論であるアルゴリズムを考案した貴夫人エイダの2人を中心とした物語から、情報の地平が広がり始める。チャールズ・バベッジの階差機関は、予算不足によって完成しなかったが、1989年からバベッジの計画に基づいて実動機が作成され、ロンドンのサイエンスミュージアムと、米国シリコンバレーにあるコンピュータ歴史博物館に展示されている。第5章では鉄道とともに全米に広がった電信技術の普及とモールス信号から暗号解読までを扱っている。

　本書の主役、シャノンの情報理論は*A Mathematical Theory of Communication*（『通信の数学的理論』植松知彦訳、ちくま学芸文庫）という論文にまとめられたもので、情報をエントロピーとし、発信者から符号

化され、ノイズに晒された伝送路上を伝達されていき、受信者側で復号されるというモデルである。この情報理論は、暗号理論のもとともなっている。シャノンが、伝えられる「メッセージの"意味"は、一般に重要性を持たない」と主張したことで、情報理論は意味から切り離されるとともに、暗号理論へと拡大され、本ガイドで紹介したノーバート・ウィーナーの『サイバネティックス』、カオスから始まった複雑系、さらには量子力学へと大きく広がっていくことになったのだった。

またシャノンはDNAが発見される以前の1949年にすでにゲノムの情報量を10の5乗程度と見積もるなど（この見積りは少なすぎたのだが）、遺伝子を情報としてとらえる見方を提唱していた。これがワトソンとクリックによるDNAの二重らせん構造の発見から、DNAという情報の運び手としての生命、リチャード・ドーキンスが描いた『利己的な遺伝子』(日高敏隆、岸由二、羽田節子訳、紀伊國屋書店)の理論まで広がっていくさまが描かれている。

さらにインターネットの普及による情報爆発や、それに対抗するべき集合知について触れられている。これらは本ブックガイドに採録した『ウィキノミクス』や『みんな集まれ！』に詳しく述べられている。また「つながり」を分析するネットワークの科学については『新ネットワーク思考』、また文明史という視点では『銃・病原菌・鉄』とともに読んでも参考になるだろう。(北山聡)

KEYWORDS
情報理論、情報技術史、サイバネティックス、文明史

著者紹介 | James Gleick 1954年米国ニューヨーク生。作家。ほかに複雑系の科学が構築されるまでを描いた『カオス』(大貫昌子訳、新潮文庫)のほか、量子電磁力学でノーベル物理学賞を受賞したリチャード・ファインマンの伝記『ファインマンさんの愉快な人生』(大貫昌子訳、岩波書店)がある。本書を含め膨大な資料を収集し、それを整理して1つのストーリーにまとめあげる手腕に定評がある。

出会い
相互行為の社会学(ゴッフマンの社会学 2)

アーヴィング・ゴッフマン(佐藤毅、折橋徹彦 訳)
誠信書房、2,500円+税、1985年

Encounters: Two Studies in the Sociology of Interaction, 1961

対面的相互行為のミクロな社会学的分析

　ゴッフマンは、社会的現実を構成する人と人との対面的相互行為をドラマトゥルギィ(演劇論的方法)の視角から考察した社会学者として知られている。ドラマトゥルギィの観点からすれば、対面的相互作用は、社会という舞台の登場人物たちがその役柄を相手役や観客に向けて効果的に演じ、舞台で進行するショーや劇が破綻せぬようさまざまな気配りと技が駆使されるプロセス、として分析される(『ゴッフマンの社会学1 行為と演技』石黒毅訳、誠信書房)。

　本書『出会い』でも、対面的相互行為の構造とプロセスの分析という著者の問題意識は一貫している。「出会い」とは、会話、ゲーム、共同作業のように、「人々が一時のあいだ認知的・視覚的注目をある一つの焦点に向け、その持続に同意するときに成立する相互作用」を意味する(本書では、文脈に応じて「焦点の定まった集まり」「出会い」「状況にかかわりのある活動システム」の3語が使い分けられる。また、日本語の「出会い」とゴッフマンのencounterの訳「出会い」とでは、若干意味が異なる点に注意が必要である)。

　本書の第一論文「ゲームの面白さ」は、人がわれを忘れて没入するゲームの出会いに関する考察である。外部世界の影響を受けつつも外部世界から区切られ、プレーヤーの没入を調整しつつ、ゲーム世界のリアリティが構成される様子が描かれ分析されてゆく。

　本書の第二論文「役割距離」では、個人と社会の関係を論ずる人類

学的・社会学的な結節概念「役割」が批判的に検討され、対面的相互作用の具体的状況の分析に適用しうる役割概念(典型的役割、役割の規範的側面、役割パフォーマンス)そして「役割距離」の概念が提案される。

役割距離とは、ある公式の役割を遂行している際に、その役割には付随しない別の非公式の自己のあり方を表示する行為である。職務中にその役割とは無関係な冗談を口にしたり、ユニフォームをあえて定型から着崩す行為など、役割距離は日常生活のいたるところで表示される。人の個性と呼ばれるもの、あるいは、人が多様な生活背景のなかで複数の役割をこなす多面的な存在であることなどが、役割距離のなかに示唆されたり読み取られたりする。さらに、状況全体をコントロールする戦略的表現として役割距離が利用されることもある。

ゴッフマンは、さまざまな社会的・集団的・状況的な要請や期待に囲まれつつ、それなりに役割をこなしながら生きる人間の姿を、対面的相互作用の具体的かつ複雑微妙なレベルで描き出し、分析した。

精神病院や刑務所など、閉ざされた施設における被収容者のアイデンティティについて論じた『ゴッフマンの社会学3　アサイラム』(石黒毅訳、誠信書房)も参照していただきたい。(池宮正才)

KEYWORDS
ドラマトゥルギー、対面的相互行為、自己呈示、印象操作、役割距離

著者紹介｜Erving Goffman　1922生、1982年没。カナダ出身の社会学者。トロント大学卒業。シカゴ大学大学院で社会学修士号取得。エジンバラ大学社会人類学科時代に行ったシェットランド島のフィールドワークをもとにした論文で、シカゴ大学から社会学博士号を取得。その後、米国国立精神衛生研究所の研究員となり、聖エリザベス病院で参与観察を行う。カルフォルニア大学教授、ペンシルヴェニア大学教授、アメリカ社会学会会長を歴任。

サブカルチャー
スタイルの意味するもの

ディック・ヘブディジ(山口淑子 訳)
未來社、1986年、2,200円+税

Subculture : The Meaning of Style, 1979

▎政治、経済、そして社会のひずみを
▎底辺に生きる若者たちが作り出した文化から批判する

　この本は英国の若者たちがおもに1970年代に作り出した「サブカルチャー」を分析している。典型としては、特異な音楽やファッションが注目されて世界中に広まったパンクを考えたらいいだろう。しかし「パンク」は世界中の若者に強い影響を与えたが、なぜ「サブ」なのだろうか。

　サブはメインと対になることばである。だからサブカルチャーとはメインのカルチャー（文化）に従属するもの、下や周縁にあるものということになる。この文化の主従関係が意味するのは、たとえば芸術的な価値や社会的な有用性の違いであり、またポピュラリティ（人気）や商品価値の高低である。しかし、もっと重要なのは、1つの文化が社会の階層のどこから生まれたものかということにある。

　パンクはグローバルに拡散した文化だから、社会的、経済的にはメインの位置にあるといえる。しかし、サブといわれるのは、その出自が英国の労働者階級の家庭に生まれた若者たちだったことにある。メインはもちろん中産階級で、英国をはじめ、ヨーロッパの国にはこのような階級の違いが明確に確立しているといわれている。

　学校にも真面目に通わず、仕事にも就けずに街角にたむろして暇をもて余していた若者たちが、その鬱憤を晴らしたり、注目を集めようと作りだした音楽やファッション、そして奇妙で、ときには反社会的と批判された行動は、英国だけでなく世界中の若者に注目され、支持

された。

　当時の英国は、旧植民地から独立した国の人たちが多数英国に移住して、多民族社会になりつつあった。ジャマイカ出身の若者たちのなかからレゲエという音楽が生まれたのだが、ヘブディジは、それがパンクとときに対立し、また相互に影響しあったことを、政治や経済、そして社会の視点から興味深い分析をしている。労働者階級の若者達にとって移住してきた人たちは、自分たちの仕事を奪う敵であると同時に、文化的には共感することの多い存在だったのである。

　1970年代の英国には、それ以前には無視されたり軽蔑されていた労働者階級の文化に注目して、その価値の再評価をしようとする研究集団が生まれた。カルチュラルスタディーズと呼ばれたが、ヘブディジは、その新しい研究の旗手的な存在として活躍した。カルチュラルスタディーズは現在では、階級だけでなく、ジェンダーや民族と文化の関係を分析して世界的な広がりをもつようになった1つの研究スタイルだが、この本は、その出発点における代表的な成果だといえる。

　なお、日本の「サブカル研究」は単にことばを短縮したという以上に大きな違いがある。その第一は階級や人種といった視点がなく、したがって、政治や社会に対する言及がほとんどないことだろう。これはもちろん「サブカル」自体の特徴である。（渡辺潤）

KEYWORDS
サブカルチャー、カルチュラルスタディーズ、パンク、レゲエ、階級

著者紹介 | Dick Hebdige　1951年生。カルチュラルスタディーズが生まれた英国のバーミンガム大学現代文化研究センター出身で、院生時代から注目された。アートスクールで教えた後、米国カリフォルニア大学サンタバーバラ校でアートとメディア研究を担当している。

わざ言語
感覚の共有を通しての「学び」へ

生田久美子、北村勝朗 編著
慶応義塾大学出版会、2011年、3,500円+税

▶ 暗黙知を伝えるコミュニケーション

　わざ、技、業、伎を伝える場においては、伝え手がもつ感覚、コツを承け手に伝え習得することが求められる。しかし、人のもつ動きの感覚やわざの成り立ちやコツは、ときとして言語化することが非常に困難であり、伝え手がわざを示範する、承け手が模倣する、自得するなどの方法が用いられることも多い。

　わざ言語とは、このわざを教える人と学ぶ人の信念や価値観を内在させる言語である。本著ではこのわざ言語を、「わざの学びを導く言語」と位置づけ、宮大工、スピードスケート、歌舞伎、和太鼓、看護といったように分野は異なっていても、「言葉にできない知」の継承という共通の課題を背負っている人々の言葉を引用しながら、わざ言語とは何か、どのような場で用いられるのか、どのような種類があるのか、さらに、指導、伝達の場で用いられる具体例を示しながら、わざ言語の有効性について言及している。

　スポーツの指導現場においてわざを伝える際、言葉で説明しにくい動作を他者に伝えなくてはならない場面がある。このとき、言語の背景にあって、言語化されない知、暗黙知の存在が認められている。指導者と選手は、その豊富な運動経験から得た暗黙知で構成される動きのコツを、指導者と選手の感覚の指標と動く感じ（動感）をすりあわせながら、コツを伝え、習得していく。このとき重要なことは、指導者と選手との関係性の構築である。両者の関係性を構築するために、感

覚の共有、言語の共有が求められる。言語の共有とは、言葉の意味、意図、気づきを共有することであり、その場面で用いられるのがわざ言語である。わざ言語は、何をどれだけ獲得したのか、どのような状態にあるのかを示す言葉でもある。選手は指導者に「今、自分はどのような感覚にあるのか」を、指導者は選手に自分のイメージするわざを、それぞれ表現する場合に用いられる。両者は、わざ言語を通してそれぞれの「感じ」を共有させ、目指すべき方向へと進んでいくのである。

　一方、宮大工の世界におけるわざの伝承では、師匠は言葉や文字を捨て、弟子に師匠の仕事の「痕跡を見る」、「読み解く目」を養わせる。熟練の宮大工は、「こうした見る目を習得した時、先人が残した仏閣は雄弁に語りだす」と語る。そして、経験を積んだ弟子に文字を与える。弟子は、すでに身体が会得していたものを名づけられる形で文字や言葉を与えられるのである。

　本書では、伝統芸能、技術の継承者、医療現場、一流の競技者を育成する場において実際に用いられている言葉を例示し、わざが伝えられていく様子を明らかにしている。科学が進歩した現代においても、「わざの伝承」は数値化、視覚化が困難であり、その実態は明らかにされていない部分も多い。後世に伝えるべき「わざ」の解明という観点からも、本書の取り組みがもつ意義は大きく、今後もさらなる解明が求められる分野である。（遠藤愛）

KEYWORDS
わざ、伝承、言語、暗黙知

著者紹介 | 生田久美子　1936年生。慶應義塾大学大学院社会学研究科教育学専攻後期博士課程単位取得退学。修士(教育学)。専門は教育哲学、認知教育学。現在、田園調布学園大学教授。北村勝朗　1961年生。東北大学大学院教育学研究科教育学専攻博士課程前期修了。博士(教育学)。専門は、教授学習心理学、スポーツ心理学。現在、東北大学大学院教育情報学研究部教授。

オルレアンのうわさ 第2版
女性誘拐のうわさとその神話作用

エドガール・モラン（杉山光信 訳）
みすず書房、1997年、4,400円＋消費税

La Rumeur d'ORLÉANS nouvelle éd, 1970

▶ 日常のなかで「うわさ」はいかに形成されるのか

　オルレアンは、首都パリの南110キロ、フランスの中央部にあり、ロワール県の県庁所在地である。1968年当時、人口17万人の中規模都市であった。1969年5月、この都市の中心街にある婦人服店の試着室で女性が行方不明になったといううわさが広がった。6軒いずれもユダヤ系フランス人経営の店で、女性たちは試着室で催眠性の薬物をうたれて外国の売春街へと売られてゆくといううわさは、耳から耳へと広がった。しかしメディアで報道されることはなかった。

　本書は、社会学者エドガール・モランが、このオルレアンで広がったうわさについてチームを編成して社会調査を行った報告とメンバーの調査日記、当時の新聞記事などから成り立っている。第2版には、1970年2月から3月にかけて同種のうわさが広がったアミアンの事件に関する「アミアンのうわさ」が追補されている。

　うわさの始まりは、雑誌「黒と白」に掲載されたグルノーブルでの女性誘拐の記事とされる。さらに5月に若い女性向けの新しい洋服店ウーブリエットがオープンし、その試着室が地下にあり、地下牢のような装飾がほどこされていたことが、うわさの舞台装置となった。

　まず最初に思春期の少女や若い女性の間でうわさが広がった。次に大人たちの世界でそのうわさが広がり始めた。うわさに尾ひれがつけられ、誘拐された女性の数が数十人にまで拡大し、一軒の店「ドルフェ」だけではなくほかの5軒の店（うち4軒がユダヤ系経営者）での誘拐

にまで広がってゆく。警察も一部を調査したが、うわさを抑えようとはしなかったために、突然うわさは過激化する。うわさに反ユダヤ主義的な傾向が付け加わり、警察が見逃しているのはユダヤ人に買収されているからだとうわさされるようになった。

モランは、この女性誘拐のうわさの背後に、変貌する地方都市における女性たちの位置づけの変化を見ている。首都パリに近い地方都市における若い女性たちのファッションや流行への憧れ、伝統的な因習から逃れたいという女性たちの欲求、性の解放への憧れとためらい、これらが「売春と麻薬」とが入り混じった妄想の世界（神話）の扉を開く。地方的な要素と現代的な要素とが混在して旧来の秩序をかき乱し、住民たちにある種の不安感、空白感が生じる地方都市がオルレアンだったのである。

そしてこのうわさに対抗する動き（対抗神話）もまた「反ユダヤ主義の陰謀」という一種の神話的性格をもつがゆえに、うわさを弱める働きをもつに至らず、かえって極左集団の政治的陰謀という「反・対抗神話」を生み出すことにもつながった。

モランは、本書のなかでの研究対象に対するアプローチを「臨床の社会学」あるいは「出来事の社会学」と呼んだ。すなわち、統計的データを用いて規則的に社会変動や社会現象を分析する社会学とは異なり、日常世界のなかに起こる突発的な「出来事」を分析することで、社会の隠れている深層や危機をあぶりだす社会学のことである。（桜井哲夫）

KEYWORDS
反ユダヤ主義、神話、対抗神話、出来事の社会学

著者紹介 | Edgar Morin　1921年生。フランスのパリにイタリア国籍の家族のもとに生まれる。もとをたどるとスペイン系ユダヤ人（セファルディム）である。第二次大戦中対独レジスタンス運動に参加し、戦後は国立科学研究センターに所属し、社会人類学的な仕事や映像など脱領域的なテーマを追求し、1968年パリ第十大学ナンテール校の社会学担当教授となる。『方法』全6巻（大津真作訳）、『時代精神』『プロデメの変貌』（以上宇波彰訳）など（すべて法政大学出版会）。

基礎情報学
生命から社会へ

西垣通
NTT出版、2004年、2,500円+税

生命と心と社会をめぐる情報現象をとらえる統一的なシステム理論

　現代が情報社会といわれて久しい。だが、「情報」という概念の学問的定義は曖昧で混沌としたままだ。IT（情報技術）の急速な進展の一方で、この混沌は非常にグロテスクな様相を示している。たとえば「この分厚い本を読んだが、情報量は少なかった」という言葉は、どこか奇妙ではないだろうか。もし情報量が「文字記号の総量」ということなら、分厚い本の情報量は常に大きいはずだ。だが、この言葉の真意は「読んで得られた意味内容はわずかだった」ということである。とすれば、「情報洪水の時代」の実態とはいったい何だろうか。下手をすると私たちは、無価値な記号の大海のなかで大切なものを見失い、壊れた機械のような廃物にされてしまう。だから本書のねらいは、文系の社会情報学と理系の情報工学を架橋し、現代の情報現象をきちんと捉える理論的基礎をつくることにある。

　人間にとっての情報とは本来、生きていくうえで価値のある何らかの意味をもつものだ。だが、価値とか意味とかは、個人の主観によってそれぞれ異なる。他人の心は所詮わからないから、同じ言葉を聞いても誤解が生まれる。そこが、デジタル信号を間違いなくメモリーに入力できるコンピュータとの根本的な相違だ。

　「動物と機械の通信」を扱うサイバネティックスの研究をふまえて、20世紀後半には「生命体とはいかなるシステムか」を論じるオートポイエーシス理論が誕生した（「オート」とは自分、「ポイエーシス」とは制

作ということ)。生命体は機械とは違って、自分で自分をつくるオートポイエティックシステムに他ならない。私たちは時々刻々、自分の心に基づいて自分の心を創りあげている。だから多様な主観が生まれるのであり、原理上、心は個人ごとに閉じている。オートポイエティックシステムには入力も出力も存在しない。

にもかかわらず、私たちは言葉をはじめさまざまな記号を使って、自分の心のなかのイメージを他人に伝達しようとする。もし人間の心が完全に閉じているなら、情報伝達など不可能だし、社会など成立しないだろう。では情報社会ではいったい何が起きているのか。

本書はその謎に正面から挑戦していく。少しだけ種明かしをすると、個人の心的システムは閉じていても、参加する社会システムのなかでは、個人はある意味で機械のような機能的役割を演じている。だから個人は社会から拘束を受けるし、一方、参加者のボトムアップの努力によって社会が変わっていく場合もある。そういうダイナミックスを分析する枠組みを与えるのが基礎情報学なのだ。うまくいけば、情報洪水の実態も徐々に明らかになっていくだろう。

なお、本書の続編は、2008年に刊行された『続 基礎情報学:「生命的組織」のために』(NTT出版)である。学問的な経緯や位置づけなどについては本書のほうが詳しいが、理論的には続編のほうが発展し、より整理された記述になっている。(西垣通)

KEYWORDS
情報学、サイバネティックス、オートポイエーシス

著者紹介 | 1948生。情報学者。東京大学工学部計数工学科卒、工学博士。日立製作所でコンピュータの研究に従事したのち、明治大学教授、東京大学大学院教授をへて、2013年より東京経済大学コミュニケーション学部教授。東京大学名誉教授。文系と理系の情報学をつなぐ基礎理論を探究している。近著として『集合知とは何か』(中公新書)、『生命と機械をつなぐ知:基礎情報学入門』(高陵社書店)など。

物語としてのケア
ナラティヴ・アプローチの世界へ

野口裕二
医学書院、2002年、2,200円＋税

語りと物語のコミュニケーション論、その実践

　人間は物語を語り続けてきた。物語とは「様々な出来事や思いをつなぎ合わせてなんらかの結末へと向かうお話」であり、「本の中だけではなくいたるところに存在している」。物語や物語る行為そして言葉は、人間や集団、社会にとってどのような意味をもつのであろうか。物語研究の歴史は古代ギリシャ哲学にまで遡ることができるが、20世紀に入り、文学のみならず人文社会科学全般を巻き込むかたちでさまざまな研究と実践が急速に進展した。本書の「ナラティヴアプローチ」もその1つである。

　ナラティヴアプローチとは、狭義にはナラティヴ（語り、物語）という概念を手がかりにして臨床の場で実践されるセラピーを意味し、広義にはナラティヴ概念を手がかりとして何らかの現象に迫る方法全般を意味する。臨床家かつ社会学者である著者は、狭義と広義の立場を行き来しつつ、社会構成（構築）主義の立場からナラティヴアプローチの論点について以下のように語る。

　混沌とした世界に意味の一貫性を与えてくれるのが物語である。私たちは出来事を1つの物語として理解できたとき、その出来事を理解したと感じる。物語には現実を組織化する作用がある。偶然を含み込める物語的説明は、必然を目指す厳密な科学的説明である必要はない。物語が一定の人々に共有されるとき、物語は人々の現実理解を一定方向に導く。つまり「物語は現実理解を助けると同時に制約もす

る」。それは「自己」と呼ばれる現実についても同様である。自己とは、自分について語る行為とその物語によって輪郭を与えられた自分に関する現実であり、社会的に定型化された物語の影響も受ける。たとえば「自分探し」という社会的な物語に支配されると、「探しても探しても自分を見つけられない不安な自分」といった自己物語に固着するかもしれない。ただし、自分を支配するドミナントストーリーを読み直し、オルタナティブストーリーに書き換えることは不可能ではない。ナラティヴアプローチの上記のような観点に基づき、本書では、病者と医療者相互の「語り」によって成り立ち「物語」が展開する臨床の場に焦点が当てられ、臨床領域におけるいくつかのナラティヴセオリーの実践が紹介検討され、それらのセオリーと実践がケアの世界もたらす新たな視野と可能性が検討される。

臨床の場で鍛え上げられたナラティヴアプローチの理論と実践は、私たちの日常的コミュニケーションの場における言葉・語る行為・物語の意味に関する新たな視点を与えてくれる。

以下の文献も参考にしていただきたい。野口祐二編『ナラティヴ・アプローチ』(勁草書房、2009年)、桜井厚・小林多寿子編『ライフストーリー・インタビュー』(せりか書房)、上野千鶴子編『構築主義とは何か』(勁草書房)。(池宮正才)

KEYWORDS
ナラティヴ、物語、語り、インタビュー、言語、社会構成主義、臨床、ケア

著者紹介 | 1955年千葉県生。社会学者。北海道大学大学院博士課程単位取得退学。東京都精神医学総合研究所、都立松沢病院ソーシャルワーカー、東京都老人総合研究所を経て、現在は東京学芸大学教育学部教授。専門は臨床社会学、医療社会学。他の著書としては『ナラティヴの臨床社会学』(勁草書房)など。

誰のためのデザイン？
認知科学者のデザイン原論

ドナルド A. ノーマン（野島久雄 訳）
新曜社、1990年、3,300円＋税

The Psychology of Everyday Things , 1988

道具を介したコミュニケーション

　鉄道の券売機には、下車駅を指定して買うタイプと、運賃で買うタイプとがある。日本は後者に属する。頭上の路線図で運賃を確かめて買う。つまり券売機だけで切符は購入できない。前者に属するのが韓国である。下車駅を指定すると運賃が表示され、購入手続きに入る。つまり下車駅さえわかれば切符が買える。ただし運賃が自明な人には煩わしいだけかもしれない。

　私たちは毎日、さまざまな道具を使いながら生活している。ノーマンの試算によれば「毎日使う道具は2万個もある」。私たちは、それらを思い通りに使えているだろうか。いや、思いどおりに使えるような道具になっているだろうか。

　著者のノーマンは、ドアや壁スイッチ、台所コンロ、蛇口などを例に、使いにくい理由を解明する。その説明概念として、「アフォーダンス」「ナチュラルマッピング」が用いられる。ドアに張られた小さなパネルは「押す」という行為をアフォードし、バーナーの配置とつまみの対応関係が一目瞭然であれば、違うバーナーを点火することもない。日常的行動パターンを引き出すようにデザインされていればマニュアルは不要だし、「押す」という説明さえ要らない。それでもエラーは、皆無とはいわなくても、起きにくくなる。

　私たちは、デザイナーの頭のなかにある「デザインモデル」を理解しない限り、結局のところ、うまく使えない。もちろん、デザイナー

とて、わざわざ使いにくい道具を作ろうと思っているわけではない。

「道具を使う」とは、その道具を操作することでなく、道具を介して、デザイナーとコミュニケーションすることなのである。ノーマンは、だから、デザイナーの「デザインモデル」とユーザーのもつ「メンタルモデル」が一致することが望ましいと主張する。

これは理想かもしれない。しかしながら達成することが難しい面もある。ひと口にユーザーといっても千差万別である。先行経験も熟知度も異なるからである。たとえば、パソコン操作に慣れている人にとって、50音順キーは使いにくい。道具の使用がコミュニケーション行為である以上、目標はデザイナーとユーザーの両メンタルモデルの一致ではなく、両者の相違を前提にそのずれをどう解決していくかだろう。上記の例であれば、キー配列を選択できるようにするのも一法だ。本書には、知識の外在化（ユーザーに事前知識を求めない）、強制選択（意図しない行動を抑制する）、実行と評価の隔たりを狭める（行動の結果がすぐわかる）といった、具体的ヒントが多数、提示されている。これらは、ずれを前提にした発想ともいえよう。

デザインには快適であることも求められる。それについては同じ著者の『エモーショナル・デザイン』（岡本明ほか訳、新曜社）をすすめたい。

原著の刊行から四半世紀が経つ。待望の改訂版、*The Design of Everyday Things, revised and expanded edition*が2013年11月に刊行されている。（川浦康至）

KEYWORDS
アフォーダンス、ナチュラルマッピング、エラー

著者紹介　Donald Arthur Norman　1935年、米国生。認知科学者と実業家、2つの顔をもつ。MITで電気工学を、ペンシルベニア大学大学院で心理学を学ぶ。カリフォルニア大学退職後、アップルやヒューレットパッカードでデザイン開発に携わる。その後、ヤコブ・ニールセンとともにニールセン・ノーマン・グループというデザインコンサルタント会社を設立。その一環でDesigning For People (http://jnd.org/) を運営している。

声の文化と文字の文化

ウォルター J. オング（桜井直文、林正寛、糟谷啓介 訳）
藤原書店、1991年、4,100円＋税

Orality and Literacy: The Technologizing of the Word, 1981

文字そして印刷はどう人間と社会を変えたのか
メディア技術の影響を考察した原典の1つ

　言語とメディアの発達が社会を変えてきたという議論は、なかば当然のことと受け止められている。言葉は動物と人間を大きく区別するし、「文字の登場」が四大文明の特徴であること、グーテンベルクの発明した活版印刷がルネサンスや宗教改革の引き金を引いたこと、マスメディアが現代大衆社会と密接に関係することも、歴史の定番のテーマである。ケータイ、またインターネットが社会を変えるという議論が受け入れられるのも、これらの「常識」が前提となるからだろう。しかしメディアの形式は、どのように人や社会を変えるのだろうか。

　本書は人間の最初のコミュニケーション手段だった「声」が作り出す文化と、後に登場した文字（および印刷）が作り上げた文化を対比し、後者がもたらした変化を考察する。流れる声は止めておくことができず消滅してしまうため、声の時代には決まり文句的な記憶しやすい言葉が用いられるとともに、場の状況に応じて変化しやすい特徴をもつ。そして語られる対象、また語り手、聞き手が身体器官を通じて一体化するような作用をもたらす。音声は「統合的」なのである。一方で文字を手にすることにより、言葉は空間に固定されるようになった。ものごとを切り分け分析するという思考はここで生まれる。たとえば表を作ってものごとを分類整理し、また全体的に捉えることも事項を空間に配置可能な文字によって初めて可能となるだろう（消えゆく声しかないときにそれができるだろうか。いま私たちが口頭でも全体をまとめ、要素ご

とに特徴を比較検討できるのは、視覚を通じてそのような能力に習熟しているからではないか)。そして文字を読むとき、人々はそれを書いた人間から切り離されたテクストと、独立した個人として向き合うことになる。文字は分離の作用をもつ。文字・印刷の先に起こったいま一度の変化は電子メディア、すなわちラジオやテレビの登場である。これを著者は「第二の声の文化」と呼ぶが、それが声の作用の復権をもたらすというより、基本的には文字の文化の延長にあるものと捉えている。

　本書の議論はここまでだが、さらに現在のメディアを考えると、まるで再度の「文字の文化」の時代に入ったようにも思える。「個人」を生み出したとすら考えられる文字は、いまや人と人をつなぐ基本回路である。指先ではじく文字を通じた検索技術は音声認識と融合し、さらに眼鏡など感覚に直結した装着具として発展普及する日も近いだろう。「第二の文字の文化」は人々の意識と社会をどこに連れていくのだろうか。オングの問いかけが刺激するものは多い。

　本書はマクルーハン『メディア論』(栗山裕ほか訳、みすず書房)と密接に関連するのであわせて理解したい。「第二の声の文化」をどう捉えるかは両者の大きな違いといえる。一方、両者のロジックを明快に批判する佐藤俊樹『社会は情報化の夢を見る』(河出文庫)は一連の議論を深く理解するのに有用だろう。文字・印刷の影響についてはイニス『メディアの文明史』(久保秀幹訳、新曜社)やアンダーソン『想像の共同体』(白石隆ほか訳、書籍工房早山)もおさえたい。(柴内康文)

KEYWORDS
メディア特性、言語、印刷、視覚

著者紹介 | Walter Jackson Ong　1912年米国ミズーリ州生、2003年没。文化史学者、英文学者。大学院時代にはマーシャル・マクルーハンの指導を受けており、それぞれの著作において互いの言及もある。人文主義者ラムスの研究でハーバード大学から学位を得て、長らくセントルイス大学で教えた。イエズス会員・カトリック司祭でもあり、彼の考えと信仰の密接な関係を読み取る者も多い。米国ミルトン協会会長、現代語学文学協会(MLA)会長などを務めた。

孤独なボウリング
米国コミュニティの崩壊と再生

ロバート D. パットナム（柴内康文訳）
柏書房、2006年、6,800円＋税

Bowling alone: The collapse and revival of American community. 2000

▌人々の「きずな」が社会に何をもたらすのかについて 総合的に分析した大著

　「コミュニケーション」を通じて私たちは人間関係を取り結ぶ。人々がともに支える社会集団のことを「コミュニティ」（共同体）と呼ぶが、この2語の語源が共通であることからも、コミュニケーションについて考えるとき、それが支えている人間関係のことも同時に考察する必要があるといえる。また東日本大震災以降、さまざまな場面で「きずな」の重要性を指摘する議論に触れることも多くなった。そもそもきずなとは何で、なぜそれが大事とされるのかについて考えることも、現代を生きる私たちに求められているのではなかろうか。

　本書は人間関係、コミュニティがなぜ重要なのかを、米国社会を舞台に膨大なデータとともに総合的に考察し、この分野の議論に大きな影響を与えた著作である。本書に登場するキーとなる概念を「社会関係資本」（Social Capital、SC）と呼ぶ。SCとは地域、組織や個人が保有する人間関係の蓄積（量）を指す言葉である。たとえば顔が広くSCが多い人と、少ない人がいるだろう。同じように近所がみな顔見知りなSCの多い地域と、隣に誰が住んでいるのかも互いにわからないSCの少ない地域もある。いわゆる「資本」（金）が多いと新たな生産が多く生み出されやすいように、SC＝人間関係の多い個人、あるいは地域や組織も、プラスの結果を得やすいと考えられるのである。人間関係がさまざまな情報をつなぎメリットをもたらしやすいことは、「コネ」の力として知られていることであるし、逆に孤独な人が精神的また身

体的健康を損ないやすいこともよく話題に上る。同様に人がつながる集団や地域では、新しいアイディアが生まれたり、互いを信頼することによって繁栄が生み出されやすい一方、つながりの少ない場所では互いを信じることができず、力の結集も起こりにくい。本書の最大の貢献は、SCの作用のメカニズム、すなわち人間関係のネットワークが人々の信頼や互いを支え合う「互酬性」を生み出すことを説明し、多くのデータ、事例でそれを示したことにある。

コミュニケーション学に関わる本書のもう1つの意義は、メディアとSCをめぐっての考察だろう。彼は米国のSCがこの40年ほどの間に全体として激減したことを指摘し、原因の1つとしてテレビの作用を主張した。その普及により人々は家のなかにつなぎ止められ、社会での人間同士のつながりが損なわれたとする。またインターネットや携帯電話といった人をつなぐ新しいツールは、SCを新たに作り出すことに貢献するのだろうか。前者は激しい論争となり、後者は現在多くの検討が行われている。「ソーシャルメディア」が社会を豊かするのかを考える際にも、本書が手がかりになる部分は多い。

SCをめぐる書籍としては、著者紹介にあるパットナム自身のもののほか、国内では稲葉陽二『ソーシャル・キャピタル入門』(中公新書)が手に取りやすい。稲葉陽二ほか『ソーシャル・キャピタルのフロンティア』(ミネルヴァ書房)は自身でSC論の研究に取り組むときの手がかりとなるだろう。(柴内康文)

KEYWORDS

社会関係資本(ソーシャルキャピタル)、信頼、ネットワーク、コミュニティ、メディア効果

著者紹介 | Robert David Putnam 1941年米国ニューヨーク州生。政治学者。1970年にイェール大学で学位取得、ミシガン大学を経て現在ハーバード大学教授。この間ハーバード大学ケネディ行政大学院の学長、米国政治学会会長などを歴任し、また政治学領域の主要な国際賞であるスウェーデンのヨハン・スクデ政治学賞を受賞した。本書に関連した邦訳書として『哲学する民主主義』(河田潤一訳、NTT出版)、『流動化する民主主義』(猪口孝訳、ミネルヴァ書房)がある。

みんな集まれ！
ネットワークが社会を動かす

クレイ・シャーキー（岩下慶一 訳）
筑摩書房、2010年、2,500円＋税

Here comes everybody: The power of organizing without organization, 2008

ソーシャルメディアがなぜ、どのように社会を変えるのか 実例とメカニズムで考察する

　Web2.0、CGM、ソーシャルメディアというような総称で、あるいはTwitterやFacebook、LINE、あるいはWikipediaなど具体的なサービス名で呼ばれる新しいメディア技術が、私たちの生活や広く社会をどう変えていくか関心がもたれることは多い。国内で選挙が、国外で政変が起こればソーシャルメディアの果たした役割が議論されるし、また日常生活のなかでなくてはならないこれらのツールの便利さや、それがもたらすトラブルについて考えることもよくあることだろう。しかし、ソーシャルメディアが社会に与える影響の具体的な仕組みをよく考えようとすると、とたんに心許なくなるのも確かである。

　本書は、このような問題に見取り図を与えようとする著作である。第1章では、失われた携帯電話をめぐってウェブページが開設され、ソーシャルメディアを通じて情報が拡散するなかでその拾得者が同定され、事件がメディアに報じられるとともに腰の重い警察も「中の人」の助力もあって動き最終的に問題が解決する様子が描写される。本書が取り扱うのは原著の副題にあるように、これまでの（融通の利かない、管理のコストの高い）組織によらずして、筆者の言葉を使えば「馬鹿馬鹿しいほど簡単に」ソーシャルメディアを通して多くの人を動員可能にできるようになったことが何をもたらすかという問題である。続く章ではネットを通じて起こった変化について、共有、協力そして集団行動といったより複雑性を増す段階を追って説明が展開されていく。

繰り返される重要なコンセプトとしては「数の増大によって、質が大きく変わったこと」(more is different) や、従来のメディアのように選別されたもののみが社会に出るのではなく、発表された後に社会によって選別が行われるという仕組みの転換などが挙げられる。ソーシャルメディアには成功例も失敗例もあるが、著者は成功した技術のもっていた要素として、人々を参加させる理由となる「公約」、調整を容易にする「ツール」、そして参加し利用する人々が受け入れる「協定」の絶妙なバランスを指摘する。いまも絶え間なく登場する新サービスや、発生するさまざまな「事件」について、本書の説明をふまえ考察することは面白い課題となるだろう。また本書の特徴は、単に独自の考察が語られるのではなく、これまでの重要な議論を縦横に組み合わせて議論が展開するところにある。本ガイドと関連させれば、「べき法則」をめぐる『新ネットワーク思考』や『ロングテール』の論考、また『孤独なボウリング』における社会関係資本論などは、議論を支える骨組みとして当然のように登場する。さまざまな書籍の考察が一体となって1つのストーリーとなるさまから学ぶものものも多い。

　著者は質の高いプレゼンテーションで有名な講演会「TED」の登場も多い(「TEDシャーキー」で検索のこと)。その考えを流麗なトークで理解する機会はぜひ生かしたい。集合知のあり方を(批判的に)考察したものとして、西垣通『集合知とは何か』(中公新書)をあわせて読むことも、知的な刺激を受けるだろう。(柴内康文)

KEYWORDS
ソーシャルメディア、べき法則、集合知、スモールワールド、ソーシャルキャピタル

著者紹介 | Clay Shirky　1964年生。イェール大学で美学を修めたのち演劇業界を経て、インターネットの登場、発展とともにその社会的・文化的影響をめぐる著述や教育、コンサルティングの領域で積極的な活動を行っている。現在はニューヨーク大学のインタラクティブテレコミュニケーションプログラムおよびジャーナリズム学科で准教授を務める。本書に続く著作として、*Cognitive Surplus* (2010) がある。

「からだ」と「ことば」のレッスン
自分に気づき・他者に出会う

竹内敏晴
講談社現代新書、1990年、720円＋税

▍「からだ」から出た「ことば」は人に届き、心に触れる

　毎年、学生の就職活動を見ていて、あることに気がついた。早く内定を獲得するのは、声が相手によく届く人である。声が大きいということではない。「ことば」がきちっと面接者に到達し、その人の心のなかにストンと落ちていくタイプの学生である。成績とはまったく別の人間的な要素といえる。

　本書は、「ことば」は「からだ」から出てくるというコミュニケーションの基本を語っている。読者は、この事実を本書に採録された各種のレッスンを「追体験」することで納得するだろう。もちろん、文字でレッスンを受けるためには、ゆっくりとかみしめながら、読み進むことが求められる。私たちは、口先だけで言語を発していることが多い。著者は、「からだの内なる流れが波うち、溢れ出し、他者に移り、そのからだを巡り、変容して返ってくること。私はそれに浸され、揺すぶられて新しく生まれること」（181ページ）が、「対話」だという。言いかえるなら、自分のからだの内なる感覚に目覚めながら他者と触れ合うとき、初めて「ことば」は「からだ」と共鳴しつつ、相手と分かちあえるコミュニケーションになる。

　理論書は、さまざまなモデルからコミュニケーションの様相を解明してくれる。だが、私たちが生活のなかで陥っている「コミュニケーション障害」の根っこについては、冷静に分析するだけである。

　本書は、自らの「からだ」のこわばりに気づいて、まずそれを解き

ほぐしなさいと教えてくれる。すべては、「私とあなたとは同じこの場にいる、というだけですでに一緒の存在である」(16ページ)というところから始まる。「声を発して話しかけるということは、そのつながりを、あらためてゆすぶってみることで、すると今まで漠然としていたり隠れていたつながりが、急に具体的に姿を現して返事がやってくる。そういうことではないか」と著者はいう。

相手という存在を心の底から感じることなしに「ことば」を発しても、それは伝わらない。ゼミの発表、ファミリーレストランにおけるアルバイト、営業マンの売り込み、テレビタレントのインタビュー、学校の先生の授業、政治家の演説に至るまで、同じである。家族との会話、友だちとのおしゃべり、意中の人への告白など、すべてに通じることだろう。コミュニケーション学は、「からだ」をどうとらえるか、ということと深く関わっている。こわばった身体を抱えたままで、いくら理論書を読んでもそれは知識の枠を出ない。何より、コミュニケーションのもっとも「おいしい部分」を体験しないことはもったいない。

著者は、幼いころ、聴覚障害であった。その後、聴力を回復して、発声することに立ち向かう。そして、やがて、演劇の現場で活躍するようになる。その過程を知ると、よけいに本書の一行一行が、身に沁みてくるはずである。著者の個人史も含めた記述は、下に紹介した『ことばが劈かれるとき』などの著作をご覧いただきたい。(関沢英彦)

KEYWORDS
ことば、からだ、声、出会い、触れる、身構え

著者紹介 | 1925年生、2009年没。演出家。生涯、からだとことばのレッスンに取り組む。著書に『ことばが劈かれるとき』(ちくま文庫)、『声が生まれる』(中公新書)、『「出会う」ということ』(藤原書店)、『からだ・演劇・教育』(岩波新書)、『生きることのレッスン』(トランスビュー)、『教師のためのからだとことば考』(ちくま学芸文庫)、『竹内レッスン ライブ・アット大阪』(春風社)。

模倣の法則

ガブリエル・タルド（池田祥英、村澤真保呂 訳）
河出書房新社、2007年、5,800円+税

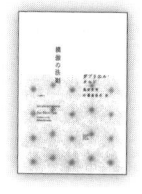

Les lois de l'Imitation, 1890

フロイト理論の先駆的業績

　本書は、「社会とは模倣であり、模倣とは一種の社会的催眠である」というタルドの基本的立場を論じた書物である。タルドはいう。

　「社会状態とは、催眠状態と同じく、夢の一形式にすぎない。すなわち、それは強制された夢であり、行動している夢である。暗示された観念をもっているだけなのに、それを自発的な観念と信じることは催眠状態にある人の錯覚であるとともに、まさに社会的人間の錯覚でもある」。

　タルドの理論には、この当時催眠術療法を行っていたフランスのナンシー学派（リエボーら）とサルペトリエール学派（シャルコーら）の影響が色濃く出ている。当時隆盛であったギュスターヴ・ル・ボンの群集心理学では、「暗示」が鍵概念だったが、タルドでは「模倣」がその中心的な位置を占めた。タルドが「模倣」を論じたのは、生物学が生命現象の反復である生殖や遺伝を扱うように、科学としての社会学も現象の反復を扱うべきだと考えたからである。タルドは、「模倣」は個人間に限定されずに、集団的な広がりをもつとして、あるモデルが普及していく場合、「威信」がポイントとなるとした。所属集団の伝統に「威信」を見いだす場合が「慣習」であり、所属集団以外の他者に「威信」を見いだす場合が「流行」となると考えたのである。

　タルドの「模倣」論は、アンリ・エレンベルガー（木村敏、中井久夫監訳『無意識の発見』弘文堂）によれば、精神分析学の祖であるフロイト

の学説と注目すべき類似性をもっている。タルドが「模倣」と呼んだものを、フロイトは「同一視」と呼んだし、多くの点でタルドの影響を受けているとする。たとえば、タルドは「父」について以下のように論じている。

「もっとも平等な社会にあっても、人間が社会に入るための最初の場である家族には、つねに一方向性と不可逆性がみられる。父親はつねに子供にとって最初の主人であり、牧師であり、モデルである。あらゆる社会は現在でもなお、そこから始まっている」。

群集とその指導者（父）という構図が、フロイトの「集団心理学と自我の分析」のメインテーマであることは言うまでもないだろう。

しかし、フランスでは、近代社会学の祖であるエミール・デュルケムがタルドを激しく論難した。デュルケムは、個人を拘束している「社会的なもの」を、「模倣」という心理的な過程に単純化して説明するものだと批判したのである。結果的には、デュルケムは社会学の学祖として一大潮流を形成し、タルドの影響力は衰退した。そしてタルドが復権するのは、1960年代に入ってからである。レーモン・ブードンら社会学者の再評価だけではなく、哲学者ジル・ドゥルーズが『差異と反復』(財津理訳、河出文庫)のなかで、「ガブリエル・タルドの哲学は、最後の偉大な《自然》哲学のひとつであり、ライプニッツを継承するものである」などと高く評価したためである。(桜井哲夫)

KEYWORDS
模倣、威信、催眠状態、反復、差異化

著者紹介 | Jean‐Gabriel de Tarde　1843年フランス南西部ドルドーニュ県生、1904年没。数学者志望だったが、眼の病気のために断念し、トゥールーズ大学、パリ大学で法律を学んだ。郷里のサルラなどで判事補や予審判事を務めながら、*La Criminalité Comparée*(比較犯罪論)などを出版。1894年に司法統計局長に、1900年にコレージュ・ド・フランスの近代哲学講座の教授に任じられ、また学士院会員となった。他の邦訳として『世論と群集』(稲葉三千男訳、未來社)などがある。

生物から見た世界

ヤーコプ・フォン・ユクスキュル、ゲオルク・クリサート
（日高敏隆、羽田節子 訳）
岩波文庫、2005年、660円＋税
Streifzüge durch die Umwelten von Tieren und Menschen, 1934

動物も人間と同じく
主観的世界に住んでいると喝破した古典

　人間は動物である。だがこの当然の事実を、私たちはとかく忘れてしまう。そして人間だけが理性や感情をもち、社会をつくって主体的に行動できるのだと思い込んでしまいがちだ。

　いや、そんなことはないと、愛犬家や愛猫家から反論が返ってくるかもしれない。そう、家族の一員のように喜怒哀楽をあらわすペットたちと接していると、あまり人間とは違わないという気がしてくることさえある。しかし、つい100年くらい前まで、学者たちは動物を単なる機械のような存在だと見なしていた。つまり動物というのは、客観的世界のなかで、決まった入力刺激に対して一定の出力反応を返す客体にすぎないというわけである。そして、まるで自動車の部品を分析するようにその生理的メカニズムを究明することこそ、科学的研究だと堅く信じられていたのだ。

　著者のユクスキュルは、こういう生物機械説と真っ向から戦った異端の大生物学者であり、本書はその革新的な考え方をやさしく説き明かした名作である。とくに、共同研究者のクリサートによる挿絵がたくさんついているので、内容も理解しやすいはずだ。ユクスキュルによれば、動物はそれぞれ、特有の主観的世界の住人である。犬や猫はもちろん、ダニやゾウリムシなどの原始的生物でさえ、環境のなかから自分にとって意味のあるものを取りだして、自分なりの主観的世界を構築している。

たとえば、部屋のなかに料理の置かれたテーブルと椅子があるとする。犬にとってはテーブルも椅子も障害物にすぎないし、ハエにとっては料理以外の存在物など無意味なのだ。それぞれの世界認識がそれぞれの行動をひきおこすのである。だから生物を研究するには、知覚器官に基づく主観的世界のありさまを研究しなくてはならない。

　このユクスキュルの反生物機械説は、当初ひどく冷淡な扱いをされたが、次第に賛同者が増え、20世紀後半には動物行動学（ethology）や生態学（ecology）の理論的支柱となった。NHKやBBCの動物ドキュメンタリー番組を見ればわかるように、いまではすでに確固とした学問的分野を形成している。この分野で面白い書物をあげれば際限がないが、たとえば、フランス・ドゥ・ヴァール『政治をするサル』（西田利貞訳、平凡社ライブラリー）を一読すれば、人間の政治家の奇々怪々な言動も理解しやすくなるというものだ。

　要するに大切なのは、この本を単に生物学の古典として勉強することではない。人間の行動やコミュニケーションの深層を洞察するために役立てることなのである。いまでもなお、人間をまるで機械のような存在だと見なし、単に実証的なデータをとればそれが科学であり、客観的な真実をもたらすと信じている人は多い。しかし、人間はそれぞれ主観的な世界の住人であり、主観と主観の相互効果からコミュニケーションが生起することを決して忘れてはならないのである。（西垣通）

KEYWORDS
生態学、動物行動学、環世界、主観的世界

著者紹介　Jakob Johann Baron von Uexküll　1864年生、1944没。エストニア生まれのドイツ生物学者。長いあいだ在野の動物比較生理学者だったが、60歳を過ぎてようやくハンブルク大学「環世界研究所」名誉教授に就任した。他の邦訳書として『生命の劇場』（入江重吉・寺井俊正訳、講談社学術文庫）がある。Georg Kriszat　1906年、ペテルブルク生まれ。生物学、化学を学び、1929年から1935年まで環世界研究所に在籍。

有閑階級の理論

ソースティン・ヴェブレン（高哲男 訳）
ちくま学芸文庫、1998年、1,300円＋税

The Theory of Leisure Class, 1899

▶ 消費社会論の先駆的研究

　レジャークラスとは、本書の規定に従えば、もともとは、封建制時代のヨーロッパや日本のように、一般的な意味での産業的な労働に従事せず、一定の名誉ある職業を保証されていた貴族や聖職者などが属する階級のことである。さらに、社会が産業化されるに従って、金銭的な優越欲望が肥大化し、自分の金銭的優越を示すために、見せびらかしのための閑暇（conspicuous leisure、顕示的閑暇）を楽しむ。生産にかかわらない学問や料理、服飾、音楽などの知識を得たり、また音楽や演劇の上演を楽しむ。この結果として蓄積された知識や体系的な訓練による行儀作法が継承され、有閑階級の文化的な土台となってゆく。

　そして、「価値の高い財の顕示的消費は、有閑紳士が名声を獲得するための手段である。……贈り物や宴会は、おそらく馬鹿正直な誇示とは異なった起源をもっていたはずだが、それがこの目的に役立つようになったのはきわめて早い時期のことで、しかも現代にいたるまでその性質を保ち続けている」。

　高名を維持するための手段としての「顕示的消費（conspicuous consumption、みせびらかしのためにお金を使うこと）」、すなわち財の浪費こそが隣人や未知の大衆に対して支払い能力を見せつけることができる手段なのだ。そして、その有閑階級の生活作法と価値基準とが、社会全体に対する価値規範となってゆく。「おのおのの階層に属する人々は、彼らよりも一段上の階層で流行している生活図式こそ自己の理想

的な礼儀作法だと認識した上で、生活をこの理想に引き上げるために全精力を傾注する、ということが生じる」のである。さらに地位や金銭的優位を表現する顕示的消費を見せつけるためには、大勢の客を招いてパーティを開くなどの行為を行う。この場合、招かれた客は、ホストたる主人の消費を代行する代行的消費者（vicarious consumers）となるわけである。

また、現代的な産業社会にあって、有閑階級は、生産労働を蔑視し、顕示的閑暇を尊重するために、保守主義的傾向を示している。婦人参政権や遺産相続の廃止・制限、離婚の容易化などに強く反対する。文化様式の変化に反対するから、大学では古典・一般教養の重視が目ざされる。そして自らの財産の保障などの既得権を守ることを重視するのである。

本書は、米国社会が農村的な社会から都市的社会へと転換を遂げつつあった時期（金ぴか時代: Gilded Age 1863年〜1893年、経済発展のなかの拝金主義を皮肉ったマーク・トウェインの小説に由来する名称）に、大衆消費社会の到来の予感とそのなかでの文化的変化を論じたものである。すなわち、有閑階級を理想とする大衆の欲望が、浪費的消費を生み出してゆくという消費社会の出現である。のちのフランスの社会学者ジャン・ボードリヤールの著作『消費社会の神話と構造』（今村仁司、塚原史訳、紀伊國屋書店）の先駆的業績ともいうべき位置を占めている。（桜井哲夫）

KEYWORDS
有閑階級、顕示的閑暇、顕示的消費、代行的消費、代行的閑暇

著者紹介 | Thorstein Veblen　1857年生、1929年没。ノルウェー移民の両親のもとに米国西部で生まれた。イェール大学で学び、「カント研究」で博士号を得た。保守的な大学界のなかで孤立し、シカゴ大学でポストを得た後、すぐにスタンフォード大に移るが4年で辞職するなど、生涯にわたって正教授にはなれず、国外での高い評価にもかかわらず冷遇された。ほかの著作として、『企業の理論』（小原敬士訳、勁草書房）『技術者と価格体制』（小原敬士訳、未來社）などがある。

コンサルタントの秘密
技術アドバイスの人間学

ジェラルド M. ワインバーグ（木村泉 訳）
共立出版、1990年、2,900円+税

The Secrets of Consulting, 1985

▶ 機知と工夫、人間洞察に富んだ 問題発見と問題解決の教科書

　問題発見と問題解決は社会人の基本的能力ともいわれる。課題発見力と呼ぶこともあるが、口で言うほど問題を発見し解決策を提示するのは簡単ではない。またその力はどのようにすると身につくのだろうか。この問題発見と問題解決の技法を、たくさんのたとえ話やエピソードを通じて解説していくのが本書である。いくつか紹介しよう。

　著者ワインバーグはあるソフトウェア会社から製品の品質改善のコンサルティングを依頼された。会社には苦情の手紙が山のように届いていたが、マネージャーはどの製品に苦情が多いのかを把握していなかったので、彼はどの製品に苦情が来ているかを表にすることにした。製品の一覧リストを掲示板に掲げて、手紙を開けて苦情対象の製品名が出たら、ピンを立てて数えてみることで、わずか15分ほどでどの製品に苦情が多いのかをつかむことができた。次に訪問した別の会社で、ボードに苦情の分布を示すピンが立っているのを見た彼は、「お宅ではソフトウェアの品質に問題があるのですか」と聞くが、「いいえ、うちのソフトウェアの品質は業界でトップです」という答え。そこから、著者は苦情を集計するシステムがないことこそ、品質に問題があることの兆候なのだと気づく。これは「そこにないものを見るの法」の1つである。

　また彼は考えるための原則に、特徴的な名前をつけて解説していく。たとえば、コストカットのために味が変わらないように、ほんの

ちょっと原料を変更していくことを繰り返すと、味が変わらないはずの原料の改変がいつの間にか大きな味の違いを生むという法則は、「ファーストフードのウソ」(The Fast-Food Fallacy)と、英語では語呂が合うような名前がつけられている。

自動車会社フォード社で1950年代の代表的失敗作であったエドセルは、たくさんの改革を1つのプロジェクトにまとめたものであった。新しいブランド、新しいコンピュータシステム、新しいマーケティング、新しいデザインと、多くの新規アイディアが導入され、2代目社長の名前であるエドセルと名付けられたプロジェクトは大失敗に終わることになる。ここからワインバーグは「新しいものとつき合わなければならないときは、二つではなく一つにしよう」という「エドセルの訓令」(The Edsel Edict)を導くという具合である。

コンサルタントにならなくても役に立つ本であり、コミュニケーションを通じて問題解決を図る際のノウハウ集といえる。ユーモアたっぷりのエピソードから、法則を導く手腕は見事である。

続編として、『コンサルタントの道具箱』(伊豆原弓訳、日経BP社)があるほか、とくにリーダーシップについて扱った『スーパーエンジニアへの道』(木村泉訳、共立出版)がある。邦訳名からは技術分野にのみ関係するように読めるが、実際は分野にかかわらず通用する優れたリーダーシップについてのノウハウ集である。(北山聡)

KEYWORDS
問題解決、問題発見、コンサルタント、コミュニケーションスキル

著者紹介 | Gerald Marvin Weinberg　1933年米国シカゴ生。コンピュータ科学者、作家。IBMにおいてソフト開発のプロジェクトリーダー、ニューヨーク州立大学ビンガムトン校教授を経て、コンサルタントのほか、ワークショップなどを主催する。ソフトウェア工学の古典である『プログラミングの心理学』(木村泉・久野靖・角田博保・白浜律雄訳、技術評論社)や『一般システム思考入門』(増田信爾訳、紀伊國屋書店)のほか30冊に及ぶコンピュータ開発関連の著者として知られる。

サイバネティックス
動物と機械における制御と通信

ノーバート・ウィーナー
（池原止戈夫、彌永昌吉、室賀三郎、戸田巌 訳）
岩波文庫、2011年、1,080円＋税

Cybernetics: or Control and Communication in the Animal and the Machine, 1961

▶ 情報社会の基礎概念をつくった先駆的古典に いま再び新たな光があたる

　サイバネティックスという言葉は、ギリシア語で「操舵手」という意味である。荒れ狂う激流のなかで、巧みに舵をあやつりながら目的地に向かう船の姿を思い浮かべればよいだろう。つまり、外部環境が変動するとき、システムが恒常性を保って動作を続けるにはどうすればよいかを総合的に探究する学問がサイバネティックスなのだ。本書は、その端緒をひらいた記念碑的な著作である。

　大切なのは、コミュニケーション、情報通信、フィードバックといった現代情報社会の基礎的概念が、ここで数学的にはっきり示されたことである。その意味で、本書の影響力はすさまじく、これが刊行された1948年を情報社会の元年と見なす人さえ少なくない（その後、1961年の第2版で第Ⅱ部が書き加えられたが、本書には追加分も収められている）。

　いまや「サイバー」という言葉は、人間の脳神経系とコンピュータの電子回路とが微細に混交した「電脳」というイメージを引き起こす。だから「サイバー空間」といえば端的には情報ネットワーク空間のことだし、「サイボーグ」というと体内に電子回路が埋めこまれた半機械人間といったニュアンスがある。とはいえ、このように人間を電子機械と同一視する思想は、実はサイバネティックスを創始した著者の意図したものではなかった。著者は人間主体の機械化に反対する根っからの自由人であり、その意図は、生命体を機械化することでは

なく、逆に機械を用いて生命体の活動を支援することだったのだ。

　誤解を招いた原因は2つある。第一は、ベストセラーになったものの、本書の内容には統計確率分野のかなり高度な数学理論が含まれており、正確に読破するにはそれなりの数学的トレーニングを積む必要があること。読み手の理解不足が通俗的な解釈をもたらしたのだ。だがそれだけではない。第二の原因として著者自身が、自らの主義主張とはうらはらに、生命体と機械の境界線をシステム論的に特定できず、人間機械論を理論的に克服できなかったことがあげられる。

　この理論的難点は、1970年代以降、物理学者ハインツ・フォン・フェルスター、生物学者ウンベルト・マトゥラーナとその弟子フランシスコ・ヴァレラ、認知心理学者エルンスト・フォン・グレーザーズフェルドなどの努力によって克服された。これらは二次サイバネティックス、オートポイエーシス理論、構成主義認知心理学などであり、まとめて「ネオサイバネティックス」と総称される。そこでは生命体が、他律的な電子機械と異なり、自己準拠的に動作する自律システムとして捉え直されるのである。

　ネオサイバネティックスは、文理にわたる総合分野であり、機能的分化社会理論、文学システム論、基礎情報学など、現在も多様な発展をとげつつある。その意味でも、先駆的古典である本書をなおざりにすることは決してできないだろう。（西垣通）

KEYWORDS
情報通信、制御、生命体、自己組織

著者紹介 | Norbert Wiener　1894年生、1964没。米国の数学者。幼いころから神童といわれ、11歳でタフツ大学、14歳でハーバード大学の大学院に入学、24歳でMITの教員となる。統計確率理論にもとづく通信制御の分野で大きな業績をあげ、サイバネティックスの創始者として知られる。科学研究の倫理的側面や哲学にも関心が深く、『人間機械論』『神童から俗人へ』『科学と神』（いずれも鎮目恭夫ほか訳、みすず書房）などの著書がある。

「声」の資本主義
電話・ラジオ・蓄音機の社会史

吉見俊哉
河出文庫、2012年、1,200円＋税

メディアテクノロジーは
ブルジョア資本主義の落とし子である

　吉見俊哉は社会学者として東京大学時代の師であった見田宗介の薫陶を受けて、とくにさまざまなテクノロジーによって支えられる情報が社会のなかで果たしてきた役割を探究してきた。社会を支えるメディアの発達史と近代資本主義の政治学へと社会学を開くうえでもっとも重要な仕事を果たしてきた1人である。とくにそれは、「情報」が具体的な財貨としてメディアテクノロジーによって流通し、人びとの日常生活を根本から規定する「近代」という時代を、さまざまな側面からとらえ返そうとした一連の仕事によって特徴づけられる。

　本書はその初期の代表作の1つとして、メディアをメディアたらしめている電気的技術が誕生してきた歴史をたどりながら、そこにブルジョワ階級の支配を確定的にした近代資本主義による消費社会の成立を見る。電話、ラジオ、蓄音機の発明は、いずれも人間の「音声」を伝達し、記録し、流通させるテクノロジーとして、電気による記号操作を通して、人間の身体のあり方を根本的に変えた画期的な事件であった。吉見はそこに都市の大衆の肥大する想像力や、それを利用して自らの支配力の増大に結びつけようとする資本のメカニズム、そして民衆の身体と心情を統制しようとする近代国民国家の戦略を読み取り、歴史文書の詳細な解読を通して、私たちのいまに連なる「情報社会」の構築を白日の下にさらしていく。

　19世紀末に電気が発見されることによって、これまでの人類が知

らなかった膨大な可能性をもったメディアが登場してくることになるが、その発達の歴史は一直線的なものではなく、さまざまな人の欲望を孕んだ混沌としたものであった。しかしそれが大量生産を可能にする資本主義的生産システムと、都市民の希求を商品購買への欲望へと転化する消費社会の成立、そして国民をミクロなレベルで把握する電信・電話ネットワークの構築によって、「声」は資本主義のなかで整序され、雑音が消去されていく。電話とラジオと蓄音機は、人間の雑多な欲望を一体化した「国民の声」として統率するための重要なメディアとなってきたのである。

広範な歴史資料を用いながら吉見が注目するのは、人びとの混交した欲望や行動が形作る都市の演劇的風景であり、消費行動のダイナミズムだ。その意味で吉見の方法論は、その後の「カルチュラルターン」という文化の政治学への注目にも特徴的なように、文化を高所から俯瞰するというよりは、人びとの行動や日常を規制しながらも、人びとがそこから離脱し、新たな創造を試みようとする逸脱のエネルギーと力のせめぎ合いにつねに注目する点で、「メディア」をまさに私たち自身の身体の一部として捉える基本姿勢からぶれることがない。社会学のダイナミックな面白さを味わえる1冊である。本書執筆後も吉見は、博覧会やスポーツ、新聞やインターネット、大学や原子力、米国や天皇制と扱う題材は異なりながらも、社会学を文化と政治の接点を探る試みとして実践し続けている。（本橋哲也）

KEYWORDS
音声、電気、資本、モダニズム、消費社会

著者紹介 | 1957年生。東京大学で見田宗介の下で学ぶ。現在東京大学大学院教授。専攻は都市論、文化社会学、カルチュラルスタディーズ。『都市のドラマトゥルギー』（河出文庫）、『メディア時代の文化社会学』（新曜社）、『博覧会の政治学』（講談社学術文庫）、『カルチュラル・ターン、文化の政治学へ』（人文書院）、『親米と反米』（岩波新書）、『夢の原子力』（ちくま新書）などの著書がある。

: 第 5 章 :

コミュニケーション学の いまを学ぶ

　本章前半では、広くコミュニケーションに関わる問題を扱っている新書を20冊取りあげた。第1章〜第4章の領域を意識して選定したが、複数の領域にまたがる議論が展開されていることも多い。読みやすく関心を引くこれらの新書を出発点として、これまでの章の関連する専門書にさらに進んで考察を深めたい。後半ではコミュニケーション学で「学び」(基本テキスト)、「調べ」(辞典・資料集)、「書く」(研究・執筆法) ための書籍などを紹介している。このブックガイドに挙げた本の先にある、現実の問題に自ら取り組むための手がかりとなるだろう。

メディア社会
現代を読み解く視点

佐藤卓己
岩波新書、2006年、760円+税

▶ メディア論的視点で現代社会の さまざまな現象に鋭く切り込む

　メディア史を専門とする著者の、2005年を中心とした時事評論の新聞連載をまとめたもの。時期は小泉首相の郵政解散や「ホリエモン騒動」のころで、取りあげられた事件には古びた印象をもつかもしれないが、諸事件がリアルタイムで進む時点での考察は、現在から見ても考えさせられることが少なくない（またこの時点での「ネット選挙」をめぐる議論も示唆に富む）。それはメディア論とはすなわちメディア史であり、新たなメディアの文法を読み解く鍵は歴史のなかにしかない、という著者の確固たる立ち位置から議論が展開されているからだろう。各記事では本ガイドでも取りあげた多くの書籍が紹介され、その知見をもとにニュースが鋭く分析されていくので、メディアの理論が現実を読み解く際にいかに適用できるのか、その実践の良質な見本となる（著者が現在も各紙で行っている積極的な時評によって本書の「続編」を読むこともできる）。また佐藤の用いる、広告媒体としてのメディア、メディアと参加感覚、輿論と世論、統合と分離機能などのキーワードを本書で理解することは、彼の多くのメディア論研究への橋渡しともなるのでその意味でもすすめたい。（柴内康文）

KEYWORDS
メディア史、戦後、世論、情報社会、選挙報道

著者紹介｜1960年生。京都大学大学院博士課程を経て、現在京都大学教育学研究科准教授（メディア史）。著作に『『キング』の時代』（岩波書店）、『言論統制』（中公新書）、『八月十五日の神話』（ちくま新書）、『テレビ的教養』（NTT出版）など多数。

メディア・リテラシー
世界の現場から

菅谷明子
岩波新書、2000年、800円+税

▶作る経験と見る経験の両方で養う

リテラシー (literacy) とは文字の読み書き能力、「識字力」のことだ。誰もが識字力を備える社会が成立したのは、さほど昔のことではない。

識字は社会変革の原動力となってきた。産業革命時代、労働者階級に識字力が普及し、社会は姿を変えた。

コンピュータが普及し、人々が日常的に情報端末に接するようになった1980年代、情報機器操作能力を識字力に見立てた、「コンピュータリテラシー」という表現が広まった。機器操作能力の育成が課題になるとともに、コンピュータから吐き出される情報を鵜呑みにせず、精査していく、批判的検討能力の大切さが指摘された。

1990年代、多様なメディアからの大量情報を批判的に捉える能力を「メディアリテラシー」と呼び、この能力の教育をめぐる議論が盛んになった。ちょうどインターネット、またモバイルメディアといった、現在のメディア環境が急速に普及発展を始めた時期にあたる。

本書は、英国、米国、カナダのメディアリテラシー教育を紹介する。メディアリテラシー教育の原点を知ることは、現在の課題の存在を確認するために有益である。(山田晴通)

KEYWORDS
メディア教育、クリティカルシンキング、図書館

著者紹介 | 1963年、北海道生。在米ジャーナリスト、ハーバード大学ニーマン・ジャーナリズムフェロー。関心テーマは、メディア、コミュニケーション、知的ネットワーク、コミュニティのあり方、学びのデザイン。

ウェブ進化論
本当の大変化はこれから始まる

梅田望夫
ちくま新書、2006年、800円＋税

▶ ウェブ社会に何が起ころうとしているか

　誰でもパソコンが自由に使えるようになり、ブログなどによる情報発信が容易に行うことができるようになってきた。パソコンや携帯電話が普及し、スマートフォンやタブレットなどに進化してきたが、値段はあまり変化しないのに機能はどんどん高まり続ける。インターネットについてもますます普及し、いまでは、単に多くの人々に利用されるだけではなく、生活のなかで必須のものとなってきた。その背景には、メールも電話もタダで、ブログやSNSもタダ、検索もタダであり、無数の人々が「知」を持ち寄り、「検索エンジン」が巨大な情報インフラに組み上げていく。著者は、このような状況から現在「チープ革命」が進行しているという。

　これまで私たちが何らかの情報を表現し、これを不特定多数の人々に伝えるにはかなりのコストがかかった。そのため表現は選ばれた人ができる行為で、メディアが中心となって社会に発信し、伝えられてきた。しかし、チープ革命は、「誰でも表現者になれる」という環境をもたらし、「総表現社会」を実現したと著者は述べている。これからのウェブ社会について、多くの示唆を与える1冊である。(安藤明之)

KEYWORDS
チープ革命、グーグル、ロングテール、Web2.0、ブログ、総表現社会

著者紹介｜1960年生。慶應義塾大学工学部卒業。東京大学大学院情報科学科修士課程修了。1994年から米国カリフォルニア州シリコンバレー在住。1997年ミューズ・アソシエイツ創業。2003年株式会社はてな取締役。

集合知とは何か
ネット時代の「知」のゆくえ

西垣通
中公新書、2013年、820円＋税

集合知が拓く未来とは

　一般に、「1人の意見」より「みんなの意見」のほうが正しいように理解されることが多い。したがって、現在では、誰もがネットで多くの人々と簡単につながることができるので、「集合知」という言葉に期待をもって使うことがみられる。本書では、「ネット集合知への期待」から話が始まる。また、「集合知」を考えるうえで、そもそも「知とは何か」という基本的な問いかけをじっくり追いかけ、これからの時代に「知はどのような形態とっていくのか」について言及する。

　コミュニケーション学的な立場から見ると、著者のいう「階層的な連合体としての情報社会において、ITはいかなる役割をもつべきなのだろうか。個人同士、社会集団同士をむすぶグローバルなネットはもちろん不可欠だが、それだけでは足りない。むしろ大切なのは、ローカルな社会集団内でのコミュニケーションの密度を上げ活性化するITだろう。言いかえると、社会集団の下位レベルにある暗黙知や感性的な深層をすくいあげ、明示化するような機能が、ITに期待されるのである。」は興味深い記述である。流し読みをするにはやや難しいが、基礎理論を知りたい人にとっては必読の書であろう。（安藤明之）

KEYWORDS
知、集合知、専門知、主観知、サイバネティクス

著者紹介｜1948年生まれ。東京大学工学部計数工学科卒業。日立製作所に入社。その間スタンフォード大学客員研究員。その後、明治大学教授、東京大学大学院教授を経て、東京経済大学教授。工学博士。専攻は情報学・メディア論。

ウェブはバカと暇人のもの
現場からのネット敗北宣言

中川淳一郎
光文社新書、2009年、760円＋税

▍「インターネット万能論」を切る

　本書は、この本のタイトルをみただけでもある程度内容を推察することができる。著者は、ネット上のニュースサイトのWebサイト運営者なので、著者からみたネットユーザーの動向を分析している。著者は、ネット漬けの毎日を送り、「インターネットを使うようになったからといって、飛躍的に能力が向上したわけでもないし、突然変異のごとく頭が良くなったわけでもない。」「インターネットがあろうがなかろうが、人間は何も変わっていないのである。」といい、「何がネットでウケ、何がウケないか。どんなことをすれば叩かれ、どんなことをすればホメてもらえるか、いつも考えている。」という。ネットを仕事などに活かそうと思っている人やもっとネットを活用したいと思っている人にとっては、ネットのユーザー層を知ることができるユニークな1冊である。

　たとえば、本書では、「ネットで叩かれやすい10項目」として、①上からものを言う、主張が見える、②頑張っている人をおちょくる、特定の個人をバカにする、③既存マスコミが過熱報道していることに便乗する、④書き手の「顔」が見えるなど、具体的である。（安藤明之）

KEYWORDS
ヘビーユーザー、SNS、Web2.0、ブログ

著者紹介｜1973年生。一橋大学商学部卒業。博報堂コーポレートコミュニケーション局入社。その後テレビブロス編集者、ニュースサイト編集者。現在編集者・PRプランナー。

つなげる広告
共感、ソーシャル、ゲームで築く顧客との新しい関係性

京井良彦
アスキー新書、2012年、743円+税

ソーシャルメディアと広告の結婚は可能か

　ソーシャルメディア (SM) 時代の広告には企業と生活者を「つなげる」役割が求められる。そして、そのような「つなげる広告」には、①SMを基盤とした企業と生活者の関係性、②共感によってその関係性のうえを自然に伝わっていくコンテンツ、③関係性を継続させるための仕掛けの3つが必要だとされる。なるほど、これは1つの広告の姿としてあるだろう。

　だが、まずはそんなややぼんやりした広告像をイメージしてみようという著者のスタンスゆえ、広告人の迷いや論理の粗さも本書にはある。SM上の情報伝播はコントロール不能としながらも、拡散を予測したいという広告人らしい性。情報過多環境ではSMを通じた友だちからの情報を信用するようになるというが、出版時点ですでに見え始めていたそこでの情報過多の問題に触れていない点。「価値ある情報だけが、人と人とのつながりを介して流れる」という言い切り、などである（むしろ平時に流れるのは「オモシロイ」情報ではないか）。

　と、注文はつけてみたが、私もこのビジョンに「共感」する実務家たちの創るその具体像に期待する者のひとりである。（佐々木裕一）

KEYWORDS
広告、ソーシャルメディア、共感、情報過多、顧客との関係性

著者紹介 | 1969年生。都市銀行、投資銀行を経て広告会社電通に勤務。電通が提唱する新・生活者消費行動モデル「SIPS」(Sympathize:共感する、Identify:確認する、Participate:参加する、Share & Spread:共有・拡散する、というモデル) 開発メンバーの1人。

不祥事は財産だ
プラスに転じる組織行動の基本則

樋口晴彦
祥伝社新書、2009年、780円+税

不祥事に共通する組織コミュニケーションの問題点を知りたい人は必読

　企業不祥事が毎日のようにメディアを賑わせている。これは企業コミュニケーションのネガティブな側面であり、謝罪会見で隠蔽や失言を繰り返して事件が炎上していく例は多い。不祥事は偶発的に発生するのではなく、組織構造に根本的問題があることを理論的に解説したのが本書である。

　「具体的な失敗例を他山の石として研究し、リスク管理上の教訓事項を抽出することを目的として」、シンドラーエレベーター死亡事故、赤福不適正表示事件、日興コーディアル不正会計事件など、9事例を取りあげて、根本的な原因を分析している。数々の不祥事に共通するのは、組織のコンプライアンス（法令遵守）が欠如していたこと、業界構造が情報を断絶していたこと、内部通報制度が機能しなかったことなど、いずれも企業のコミュニケーション不足といえる。

　本書は同著者による同シリーズの第三弾で、『組織行動の「まずい!!」学』、『まずい!!学』（いずれも祥伝社新書）に続くものである。企業不祥事の本質を見極めたい人にすすめたい。（駒橋恵子）

KEYWORDS
不祥事、組織行動、危機管理、コンプライアンス

著者紹介 | 1962年生。警察大学校警察政策研究センター教授、危機管理分野を担当。東京大学経済学部卒、ダートマス大学タックビジネススクール卒（MBA）。国家公務員上級職に採用され、愛知県警察本部警備部長などを経て、現在に至る。

ことばと文化

鈴木孝夫
岩波新書　1973年、720円＋税

言語のしくみを知ろう

　ことばがものをあらしめる。満点の星空を見るたびにそれを思う。人は星々を虚構的に組み合わせて「大熊座」とか「北斗七星」を作った。ことばで星座を実体のごとく「あらしめている」のである。星々を、ことばを当てて識別してきたわけだが、当て方は一様ではない。「大熊座」は大陸文化に、「北斗七星」は日本文化に応じる。示す領域は部分で重なるが同一にあらず、「北斗七星」に英語の忠実な訳はない。かく異なる日本語と英語、ここが違うと指摘する本の数多あるなか、これはその嚆矢といえる1冊である。語の意味の領域から日欧の価値体系の違いまで説き、日本人が外国語が不得手という現実にも踏み込んで、日本語で「自分及び相手を何と言うか」を探る。見知らぬ少女を相手に大人の女が「おねえちゃんは、おばさんと一緒に行こうね」というときの「おねえちゃん」「おばさん」はなぜか。親族名称と日本人の行動様式が対応しているからで、「わたくし」とか「あなた」という代名詞に代えて親族名称を使うと自己があいまいになるとする。日本人が国際会議で遅れをとるのは、語学力そのものより日本語の構造が原因とみるのだ。（荻内勝之）

KEYWORDS
ことば、文化、日本語

著者紹介 | 1926年生。1947年慶応義塾大学医学部予科、1950年同文学部卒業。言語社会学者。著書に『ことばと社会』（中央公論社）、『日本人はなぜ外国語ができないか』（岩波新書）、本書英訳版 *Words in Context*（講談社インターナショナル）など。

日本人の英語

マーク・ピーターセン
岩波新書、1988年、700円+税

英語らしい英語を書くために注視すべきことがわかる実用書

　現在では英語の感覚や英語ネイティブスピーカーのイメージを謳った本が多数出版されるようになったが、1988年に出版された本書はその先駆けといってよいだろう。著者のマーク・ピーターセンは、日本人が書いた科学論文などを添削し、日本人が陥りやすい間違いに気づいた。そしてそのなかでも重要と思われる事項をまとめたものが本書である。ときにウイットに富んだ文章は読み物としても楽しめる。

　本書に貫かれている考え方は、英語で表現するためには英語の「頭脳環境」に入って考える必要があるということだ。それぞれの言語にはそれぞれの言語に内在する論理があり、それを理解することでその言語の自然な表現に近づけると著者は考える。本書が示すように、そうした説明原理はひと言でできるものではなく、具体的な例とともにじっくりと考えることが大切である。

　1990年に続編、そして四半世紀を経た2013年に『実践 日本人の英語』(岩波新書)が出版された。後者は大学で受けもつようになった授業をヒントにしたものであり、とても読みやすいものになっている。

(中村嗣郎)

KEYWORDS
英語らしさ、英語の「頭脳環境」、意味的カテゴリー

著者紹介 | Mark Petersen　米国ウィスコンシン州出身。コロラド大学で英米文学、ワシントン大学大学院で近代日本文学を専攻。1980年に来日、東京工業大学で「正宗白鳥」を研究。現在、明治大学政治経済学部教授。

ポストコロニアリズム

本橋哲也
岩波新書、2005年、800円+税

現代を考えるために不可避な「ポスコロ」思想への入口

　20世紀半ばまで、列強は植民地を領有し他民族を支配することを是とする植民地主義を保持してきた。ポストコロニアリズムとは、その植民地主義がいまも政治・経済・文化に与え続けている影響を、しばしば植民地化された側の視点に立って明らかにする、幅広い思想のことである。それが現代世界を捉えるうえで不可避な思想であることは理解できたとしても、どこから学び始めたらいいのか見極めることは難しい。そう感じる人にとって、本書は適切な入門書の1冊だ。

　まずは植民地主義の歴史を、西欧によるカニバリズム（食人）の表象に注目しながら概観する。次に、植民地化された当事者であり、ポストコロニアリズムの理論家として著名なファノン、サイード、スピヴァクの思想を、時代的背景を交えてしばしば3人の文章を引用しながら丁寧に紹介する。最後に現代日本においてポストコロニアリズムが喫緊の課題であることを、具体的な議論を示したうえで主張する。読者には著者の熱い思いが感じられる本書に触発されて、さらなるポストコロニアリズムあるいは植民地主義への探究へと進んでもらいたい。（深山直子）

KEYWORDS
ポストコロニアリズム、植民地主義、カニバリズム、ファノン、サイード、スピヴァク

著者紹介 | 1955年、東京生。現在は東京経済大学コミュニケーション学部教授。専攻は英文学、批評理論。その他の著書に『思想としてのシェイクスピア』（河出書房）など。

野生哲学
アメリカ・インディアンに学ぶ

管啓次郎、小池桂一
講談社現代新書、2011年、800円＋税

私たちがこの地球に生きていることの奇跡を知らなくてはならない

「アメリカ・インディアン」というコロンブス以来のヨーロッパ中心主義的な誤称を与えられてきた「複数のアメリカ」に生きる先住民たちから、私たち自身がある土地に生きることの意味を深く学ぼうとする生活哲学の書。小冊ながらここには人間の歴史と、大地とそこに生きる動植物、そしてそれらを養う太陽と星と水と風に関するきわめて深い省察が美しく詩的な文章で綴られている。先住民たちの話はいわゆる物語や神話の領域に属するものかもしれないが、それは毎日を自然と共生して生きるうえでもっとも基本的な教えと祈りと願いに溢れた真摯なものにほかならない。人間は、悠久の歴史をもつ大地からみれば、きわめて矮小で地上に短い滞在しかできない存在だ。その限界を知り努力と自制を忘れなければ、自然と動植物はさまざまな贈り物を人に与えてくれる。文明と都市と消費の傲慢な価値観に侵された私たちがいかに無責任で無知で無恥な存在であるかを根底から説き、深い反省をもたらさずにはおかない奇蹟的な本である。

巻末に小池桂一の筆になる「ナバホの創世神話」をもとにした鮮烈な漫画が置かれている。（本橋哲也）

KEYWORDS
大地、アメリカス、動物、植物、太陽、先住民

著者紹介 | 管啓次郎　1958生、明治大学教授。著書に『コロンブスの犬』、『狼が連れだって走る月』(以上、河出文庫)、『コヨーテ読書』(青土社)、『オムニフォン』(岩波書店)など。小池桂一　漫画家。著書に『ウルトラヘヴン1〜3』(エンターブレイン)など。

民族という名の宗教
人をまとめる原理・排除する原理

なだいなだ
岩波新書、1992年、720円+税

フィクションとして集団原理

本書が書かれた1991年、ソ連が解体した。と同時に、旧社会主義圏の東欧各地で過酷な地域紛争が多発する。この世界史的な転換点において、人をまとめ排除する集団原理全般ついて、著者は対話形式の文体で丹念な思索を展開する。人類史を見渡す広い視野から、人類黎明期における集団形成、近親相姦のタブーや血筋・系譜を強調する神話的フィクションによる集団の維持・継承・拡大、帝国の発生に世界宗教や言語が果した役割、日本を含む19世紀以後の世界的な国家統一運動において、宗教やイデオロギー、ナショナリズムや民族などの観念が相互に関連しつつ、人々をまとめ排除するフィクションの集団原理として作用した経緯などが論じられる。

本書が書かれてから20余年が過ぎたが、民族、国家、地域、イデオロギー、宗教をめぐる対立は、日本を含め世界各地で止む気配がない。昭和4年生まれの著者は、戦前日本のナショナリズムの高揚と惨憺たる敗戦、そして戦後民主主義社会の形成や冷戦下のイデオロギー的対立と終焉をリアルタイムで体験した戦中派である。著者の冷静な思索には、いまなお学ぶべき点が多い。(池宮正才)

KEYWORDS
民族主義、ナショナリズム、宗教、イデオロギー、社会主義

著者紹介 | 1929年東京生、2013年没。慶応大学医学部卒。精神科医、作家。ペンネームのなだいなだは、nada y nada (スペイン語・何もないと何もない) の意。『なだいなだ全集』(筑摩書房) をはじめ、小説、評論、エッセイ、翻訳など著作は多数。

コミュニティを問いなおす
つながり・都市・日本社会の未来

広井良典
ちくま新書、2009年、900円+税

コミュニティの可能性を広く日本社会論や
文明史的観点も織り交ぜて議論する

　高齢化社会や格差社会などの問題が指摘されるいま、これらを議論するうえでの1つのキーワードは「コミュニティ」ということになるだろう。コミュニケーションと語源をともにするこの言葉をめぐる諸問題の理解は、コミュニケーション学を学ぶうえでも重要な視点を提供する。著者は社会保障と都市政策を一体として展開させる場としてコミュニティを広範な視点から分析していくが、著述を通じて日本社会が現在抱える問題点が、広い文明史的観点も絡めながら説明されるそのスケールの大きさは本書随一の魅力である。また内部的関係と外部的関係の二重性にコミュニティが位置づけられる、あるいはコミュニティの中心に外部との接点が存在する、といったコミュニティの本質をめぐる著者独自の考察は、読者自身をさらに深い思考に誘う力をもっている。生き方と「群れなし方」をめぐる新しい現象は、「ノマドワーカー」や「シェアハウス」などさまざまな形で現在顔を出している。本書がこれらのテーマを直接に扱っているわけではないが、なぜこのような現象が立ち現れるのか、その可能性と問題点は何かを考えるうえでも、本書の提供する広い視点は有益なものだろう。(柴内康文)

KEYWORDS
コミュニティ、都市、社会福祉、日本社会、科学論

著者紹介｜1961年生。東京大学大学院修士課程、厚生省を経て現在千葉大学法経学部教授。専門は社会保障や都市政策をはじめ、時間や死生観の考察まで広範に及ぶ。本書(第9回大佛次郎論壇賞受賞)のほか『定常型社会』(岩波新書)など著作多数。

ソーシャルブレインズ入門
〈社会脳〉って何だろう

藤井直敬
講談社現代新書、2010年、740円＋税

社会が語ってくれる脳のいろいろ

　ヒトの脳機能のキャパシティーは無限大であり、また、神秘的で謎が多い。長い間「ブラックボックス」とされていたが、最近の科学の急激な進歩により、脳内の神経細胞を直視できる顕微鏡の開発や、分子生物学の発展で、少しずつ解明されつつある。脳は神経の寄せ集めであり、互いに緊密な連絡を保ちながら多彩なフィードバックのネットワークをもち、複雑な機能を同時にシスティマティックに働かせている。私たちがごく普通に生活をしているときでも、このネットワークは働いている。自然に他者とコミュニケーションをとりつつ社会でもつながりをもち、環境に適応して生き抜くための脳の働きを、著者はソーシャルブレインズ（社会脳）といっている。社会脳を切り口として、社会で一般的に起こるいろいろな現象を知るために、ミラーニューロンや、アイヒマンのミルグラム実験、またスタンフォード監獄実験などの心理神経学実験の解説や、考察が行われたなかから、「認知コスト」や（他人の存在を肯定する）「リスペクト」などの考え方も生み出されている。著者は、いままでの脳を研究している専門家の方向からではなく社会脳から探っていく方法を考え出した。（佐藤行那）

KEYWORDS
脳のネットワーク、認知コスト、リスペクト

著者紹介｜1965年生。東北大学医学部卒業、1997年同大学院博士号取得。1998年マサチューセッツ工科大学研究員。現在、理化学研究所脳科学総合研究センター適応知性研究チームリーダー。他の著書に『つながる脳』（NTT出版）がある。

わかりあえないことから
コミュニケーション能力とは何か

平田オリザ
講談社現代新書、2012年、740円+税

▶ 多様化する社会におけるコミュニケーション

　国際化や産業構造の変化が著しい今日の日本においては、社会や企業は「コミュニケーション能力」を強く求め、それに応じて教育現場においてもこの能力の養成が盛んに行われるようになっている。しかし、本来「察する文化」を有する日本社会においては、上司の顔色を読むこと、その場の空気を読むことなどを求める風潮がいまも根強く残っており、ここに大きな矛盾が生じている。著者は、こうした現状を踏まえたうえで、「コミュニケーション問題の顕在化」と「コミュニケーション能力の多様化」という視点からその教育を捉えている。

　著者は、自身のコミュニケーション教育において、国際社会で生きていくうえで自己を捨てる必要はない一方、マナーとして多数派のコミュニケーションを学ぶ必要性を説いている。そして最後に、価値観が多様化した現代社会を生きていくためには、従来の「価値観を一つにする方向のコミュニケーション能力」を養成するのではなく、共有性、つまり「わかりあえないこと」を前提にしながらわかりあえる部分を探っていく営みとしてのコミュニケーション能力の養成が重要であると述べている。(遠藤愛)

KEYWORDS
コミュニケーション　対話　共有性

著者紹介 | 1962年生。国際基督教大学卒業。劇作家、演出家。大学在学中に劇団「青年団」結成。現在、大阪大学コミュニケーションデザインセンター教授。主な作品に「東京ノート」、「その河をこえて、五月」など。

友だち幻想
人と人の〈つながり〉を考える

菅野仁
ちくまプリマー新書、2008年、740円＋税

▌友だちと有意義に〈つながる〉ための実践的なヒント集

　現代社会において、友だちとの関係性に悩み生きづらさを感じている若者は多い。表面的にはうまくやっているような人でも、心のうちでは疎外感や孤独感を募らせている場合も少なくない。そのような状況の原因を、筆者は日本で伝統的につちかわれてきた「人と人との〈つながり〉」に関する「常識」と、多様な側面で変化を遂げた現実とのズレにあるとし、それゆえにそのような「常識」は「幻想」だと見抜く。そのうえで、友だち、家族、学校の先生といった身近な人との〈つながり〉における問題点と改善策について、社会学のエッセンスを交えながら、高校生にも十分に読解できる平易な言葉で説く。この過程で、自己と他者、同質性と並存性、フィーリング関係とルール関係などといったキーワードを紹介しながら、複雑怪奇な人間関係を明快に整理してみせる。論点はいじめや恋愛、若者言葉にまで及んでおり、結果的にコミュニケーションを巡る社会学が実践的に役に立つことを明らかにする。自分の「生」をより豊かにするために、人といかに〈つながれる〉のか、〈つながる〉べきなのか、悩んでいるすべての人におすすめしたい。（深山直子）

KEYWORDS
友だち幻想、つながり、他者、並存性、ルール関係

著者紹介｜1960年仙台市生。現在は東北大学教育学部教授。専攻は社会学（社会学思想史・コミュニケーション論・地域社会論）。他の著書に『ジンメル・つながりの哲学』（NHKブックス）など。

コミュニケーション力

齋藤孝
岩波新書、2004年、720円+税

コミュニケーションとは
意味と感情をやりとりする行為である

　企業が採用活動の際、もっとも重視するのは「コミュニケーション能力」である。本書はこのようなニーズに応える1冊であり、この場合の「コミュニケーション」とは著者によれば「意味と感情をやりとりする行為である」。この認識と身体論をベースにしながら、コミュニケーションの技法・ノウハウを論じたのが本書である。

　対面的なコミュニケーションにおいて、意味と感情を十分に伝え合う豊かな対話や、新しいものを相手と作り出していくクリエイティブな会話を円滑に展開するうえで重要なのが、「文脈力」であると指摘する。相互の世界を絡み合わせることで1つの文脈を作り出す力である。

　そのためにコミュニケーションの基盤として、アイコンタクトやほほえみ、うなずきなどの身体の重要性を強調している。またメモ術やマッピングコミュニケーション、偏愛マップなど、筆者考案のコミュニケーションの技法を具体的に紹介している。

　コミュニケーションは、生活するための重要な手段だけでなく、「生きる目的そのものでもある」との指摘には感心させられる。(川井良介)

KEYWORDS
コミュニケーション、身体、技法

著者紹介 | 1960年生。明治大学文学部教授。専門は教育学、身体論。他の著書に『身体感覚を取り戻す』(NHKブックス)、『読書力』(岩波新書)、『声に出して読みたい日本語』(草思社)などがある。

アサーション入門
自分も相手も大切にする自己表現法

平木典子
講談社現代新書、2012年、720円＋税

人間関係をコミュニケーションの型で考える

　誰しも、他者とのミュニケーションで不快な思いをしたいとは考えないだろう。しかし、現実にはなかなかうまくいかない。コミュニケーションには相手があるからだ。それゆえ、コミュニケーションがうまくいかないのは相手のせいと思い込んでしまう。だが、相手を変えるのは至難の業。では、どうすればよいのか。

　それを解くヒントが「自分も相手も大切にする自己表現」、アサーションという考え方である。後味のよい自己主張といえばいいだろうか。

　自己表現には、次の3種類がある。第一は他者（相手）を優先して自分を犠牲にする「非主張的自己表現」、第二は自分のことだけを考え、他者をふみにじる「攻撃的自己表現」である。そして第三が自分も他者も同時に配慮する「アサーティブ自己表現」つまり「アサーション」である。自分とか他者といった個人ではなく、関係のありようを変えることで、良好な人間関係をめざすのがアサーションである。

　本書は、読者のコミュニケーションスタイルや人間関係、ものごとの考え方の傾向をチェックしながら、そのうえで、具体例にもとづいたアドバイスを提示する。（川浦康至）

KEYWORDS
アサーション、自己表現、人間関係

著者紹介｜1936年生。津田塾大学卒業後、ミネソタ大学大学院教育心理学修士課程修了。臨床心理士、家族心理士。専門は家族心理学、家族関係の心理療法。現在、IPI（統合的心理療法研究所）所長。

ザ・ディベート
自己責任時代の思考・表現技術

茂木秀昭
ちくま新書、2001年、760円＋税

▶ ディベートは知的プロセス

　発言を批判すると、人格否定のように受けとられがちな文化風土で議論は成立しがたい。それに著者は挑む。ディベートを根づかせることが「日本の民主主義にとっても不可欠である」。

　本書では、ディベートの理論と実践が、以下の4側面から紹介される。「思考・表現技術」「調査技術」「コミュニケーション技術」「問題解決技術」。ディベートは知的プロセスでもある。

　ディベートは、ある論題に対して肯定側と否定側とに分かれ、交互にスピーチを行う。「スピーチ」と「自分の意見」は別物である。スピーチは一般に、「立論」「反対尋問」ないし「質疑応答」「反駁」から構成される。最後に、ジャッジにより勝敗を決める。ディベートの目的はジャッジを説得することにある。

　著者は「自己責任時代」にあって、知的能力は時代の要請であると主張する。だが、そこまで飛躍しなくとも、ディベート経験は、私たちがふだんいかに「結論ありき」思考（確証バイアス）に陥っているかを知る機会ともなる。安藤香織、田所真生子編『実践! アカデミック・ディベート』（ナカニシヤ出版）はより実用的である。（川浦康至）

KEYWORDS
ディベート、論理的思考、批判的思考

著者紹介｜1960年生。自治医科大学准教授。専門は異文化コミュニケーション。日本や欧米の言論風土と教育思想に関する研究を進めている。競技ディベートでの優勝経験も多く、教育ディベートの啓蒙と普及活動に取り組んでいる。

統計でウソをつく法
数式を使わない統計学入門

ダレル・ハフ（高木秀玄 訳）
講談社ブルーバックス、1968年、880円＋税

How to Lie with Statistics, 1954

統計でだまされないためには統計でだます方法を知ることだ

　先日もこんな記事を目にしたばかりだ。かいつまんで紹介しよう。「○○新聞とNPO××は安倍政権の通信簿（公約実現度）を5点満点で検証した。回答者は各省庁担当記者とそのNPOメンバーで、70項目の政策について1から5の5段階で評価した。平均は2.8点で、及第点と言える水準だった」。あれっ？　最低が1なのに5点「満点」はいかにもおかしい。5段階の中間は3で、2.8はそれを下回るのに及第点というのもおかしい。満点の基準と平均値の算出基準が使い分けられている。ふだん目にする統計数値や図表には、こうした怪しげなものが少なくない。調査手続きや設問にしても同様だ。

　ハフは、本書で統計やそのもとになっている手続きの怪しげな例をあげながら、どうして怪しいのか、1つ1つ解説していく。対象者の抽出方法は？　回収率は？　平均の算出方法は（平均値なのか中央値なのか）？　グラフの目盛りは？　彼は言う。統計は「科学であると同時に多分に技術的でもある」。

　刊行されて半世紀近くたつのにいまなお売れている。それは、統計でだます人がいまなお多いことの証明でもある。（川浦康至）

KEYWORDS
統計、サンプリング、平均、グラフ

著者紹介 | Darrell Huff　1913年、米国生、2001年没。作家。アイオワ州立大学で博士号を取得、社会心理学、統計学、心理テストの研究に携わる。1963年、National School Bell賞受賞。

コミュニケーション・スタディーズ
渡辺潤 監修◇世界思想社、2010年、2,100円+税

▶**コミュニケーション学の本質を総合的に学ぶ**

「コミュニケーション力」を身につける必要性が叫ばれている。仕事やその他、日常的な人間関係において、確かにコミュニケーションは大事だろう。ただし、そこで意味されるのは表面的な協調性や繋がりばかりでもあるようだ。コミュニケーションには戦いもあるし、孤立もある。表面だけではなく内面のこともある。意識できない無意識の部分も大切だ。対面のときとメディアを使ったときでは、何がどのように違うのか等々、「コミュニケーション」については広く、深く理解しなければならない側面が多様にある。この本はその多様な側面を「理論」「感情」「文化」そして「メディア」の4つのパートに分けて概説したものである。(渡辺潤)

現代メディア史
佐藤卓己◇岩波書店、1998年、2,600円+税

▶**現代メディアの歴史とその展開のもつ意味を学ぶ**

19世紀後半以降の「国民化」「システム化」社会の成立に果たしたメディア(都市、書物、新聞、映画、宣伝、ラジオ、テレビ)の影響を俯瞰した本である。対象になっている社会は、ドイツ、英国、米国、日本の4か国。インターネットの台頭とともに世界規模で進みつつあるマスメディアの非マス化(大量出版と教養の消滅、映画のサブカルチャー化、新聞の情報紙化、ラジオやテレビの個別化)は、メディアへのかかわりを人々に求める動きでもある。著者は最後に、そうしたコミュニケーションの個別化(コミュニケーションの解放)に対する懐疑を呈する。「自閉をも許す共生でなければ、共生は抑圧の同義語になるだろう」。巻末の「基本文献案内」は解題付きで重宝する。(川浦康至)

マス・コミュニケーション効果研究の展開
［改訂新版］
田崎篤郎、児島和人 編著◎北樹出版、2003年、1,800円+税

▶ マスコミの影響力をどのようにとらえるかを学ぶ

　マスコミの人々に対する影響をめぐる研究は「効果論」「効果研究」と呼ばれ、大衆に即時に情報を伝達可能としたラジオの登場以降、メディア研究の中心の1つであり続けた。効果研究は歴史的に3期に区分されることがおよそ合意されているが、本書はなぜ、どのように効果をめぐる考え方が時代によって変化したのかを解説するとともに、現在に引き続く1960年代後半以降の第3期＝「新効果論」期にどのような理論・知見が存在するのかを詳しく紹介したスタンダードなテキストである。効果研究は「インターネットの影響」について考える場合も出発点の1つとなっているので、広くメディアの影響に関心がある場合にもすすめられる。（柴内康文）

入門講座 デジタルネットワーク社会
インターネット・ケータイ文化を展望する
桜井哲夫、大榎淳、北山聡◎平凡社、2005年、1,500円+税

▶ ネット社会の始まりとゆくえを学ぶ

　本書は、日本で初めて創設されたコミュニケーション学部の教員3名が、ネット社会に関する基本知識の整理を行い、基礎知識と抱えている問題点を広く知らせたいという問題意識から執筆された。第一部が、「コンピュータの歴史」「インターネットの誕生」「インターネットが社会を変えた」の3章構成で、26項目のキーワード（用語・概念・人名）解説からなる。さらに第二部では、4章構成（「ネット社会の文化」「ネット社会の社会運動」「デジタルネットワーク社会のナルシシストたち」「ケータイ文化の進化」）で、ネットが拡大するなかでのブログなどの新しい文化の誕生や、著作権やネット規制をめぐる論争などが、19のキーワード解説を軸にして論じられている。（桜井哲夫）

現代ジャーナリズムを学ぶ人のために
田村紀雄、林利隆、大井眞二 編◦世界思想社、2004年、2,200円＋税

▶ジャーナリズムのあり方について学ぶ

　ジャーナリズムは社会科学の諸領域と広くかかわっている。第1部は「概念（理論）・歴史」であり、ジャーナリズムの考え方や法・倫理が論じられる。第2部は「ジャーナリズム生産の過程」と題されて、多様な話題が取りあげられる。第3部は「ジャーナリズムの制度とコンテクスト」という、ジャーナリズムの外的環境としての政治・経済・社会・文化についての議論である。第1部はまず通読すべきだが、第2部、第3部は好みの章から手をつけてもよいだろう。本書はテキストとしては若干ハードな章も含むが、ジャーナリストを目指すならばこの内容は読みこなしてもらいたい。巻末の参考文献目録はたいへん充実しており、ジャーナリズムを学ぶ良い案内となるだろう。（北村 智）

よくわかるメディア・スタディーズ
伊藤守 編◦ミネルヴァ書房、2009年、2,500円＋税

▶文化・歴史・思想の視点からメディアを学ぶ

　本書は対象の広がり、方法の多様性を重視した「メディアをめぐる知」のテキストである。まず「メディア・スタディーズの輪郭」が述べられたあと、「メディアの物質性・歴史性」「メディア社会の構造」「グローバル化と文化の移動」「メディアの表象文化」「空間を編制するメディア」「メディア公共圏のデザイン」という6つのパートでさまざまなトピックが解説される。そして「理論・研究者紹介」で締めくくられる。各トピックは2または4ページで構成され、読者は関心のあるところから読み始められる。また、中核となる6つのパートでそれぞれ「研究の方法」が2〜3つ、「研究事例」が2つ示される点も特徴的であり、初学者から卒論生にまですすめられる。（北村 智）

現代広告論 新版
岸志津江、田中 洋、嶋村和恵◇有斐閣、2008年、2,100円+税

▶広告の本質とその計画立案過程を学ぶ

　広告やマーケティング・コミュニケーションに関心をもつ学生は多い。ところがコミュニケーション学の視点からそれらに興味をもつ者は、そのビジュアルや起用タレント、広告コピーといった表現様式へと関心が向かいがちである。逆に、そもそも広告とは何で、どのような会社が関与し、表現制作以前にどのような広告戦略が考えられ、どのようなメディアが選択され、表現様式はすべてのメディアで一様なのかということには考えがほとんど及ばない。したがって、本書に書かれたそういった広告計画立案過程の基礎を知っておけば、表現様式の分析はもっと深く、立体的なものになるだろうし、どんな仕事に就いて広告とかかわれば良いかのヒントも得られるだろう。（佐々木裕一）

経営組織
金井壽宏◇日経文庫、1999年、860円+税

▶個人の視点から組織論を学ぶ

　経営組織を、組織内で働く個人の視点から整理した教科書である。組織をどのようなものとして見るのか、人間観を背景にした組織観からスタートし、個人は組織とどのようにかかわって自らのキャリアを形成していくのかを見ていく。これから組織に入っていく大学生には同じ著者の『働くひとのためのキャリア・デザイン』（PHP新書）も参考になるだろう。また変革型ミドルの研究でも知られる著者らしく、実際の業務の中心となるミドル層にとって切実な問題、組織内での対立の問題や、リーダーシップをどのように取れば組織を変えていくようなミドルとなれるのかについても扱っている。組織をデザインする経営側ではなく、働く側からの組織論の教科書である。（北山聡）

異文化コミュニケーション・キーワード 新版
古田暁、石井敏、岡部朗一、平井一弘、久米昭元◦有斐閣、2001年、1,800円＋税

▶異文化コミュニケーションの論点を学ぶ

　異文化コミュニケーションといえば、まずは国際化にともなう諸現象が頭に浮かぶかもしれないが、たとえば異性とのすれ違いが気になるのなら、それを異文化接触の問題ととらえることもできよう。本書は異文化コミュニケーションの生じる多くの具体的トピックをベースとして、それを2ページ読み切りでまとめている。記述は全体にやわらかい文体が多く読みやすい。各トピックを示す専門用語の前には、興味深く内容を表す見出しがつけられており、目次で自分の関心を見つける使い方もできよう。気になるトピックが見つかったら、さらに石井敏、久米昭元『異文化コミュニケーション事典』（春風社）で関連する項目の周辺を調べ理解を深めるのもよいだろう。（柴内康文）

よくわかるコミュニケーション学
板場良久、池田理知子 編著◦ミネルヴァ書房、2011年、2,500円＋税

▶コミュニケーション過程を基礎から学ぶ

　コミュニケーション学には「多元的な理解と実践」が求められる。本書は、その初学者を意識して編まれた。コミュニケーションのもつ広がりはもくじからもうかがえる──コミュニケーション、メディア、家族、ジェンダー、文化、記号、教育、精神、思想。コミュニケーションという行為はどこに存在するのか。話したり、書いたり、聞いたり、読んだり、といった行為は一見、個人のすることのように見えるが、たとえば何を話すか、どのように話すかは相手に左右される。それは相手にとっても同様である。その関係性を本書は「伝え合い」という表現で強調する。コミュニケーション学、そしてコミュニケーションに対する理解を深めてくれる1冊である。（川浦康至）

メディア用語基本事典
渡辺武達、山口功二、野原仁 編◎世界思想社、2011年、2,400円+税

▶ **メディアとコミュニケーションの用語を調べる**

　このブックガイド所収の本を読むときは、よく出てくる言葉を解説した事典類を併用するのが効果的だろう。本事典はメディア、コミュニケーション領域から各メディアの各論、大衆文化にいたるまで冒頭に概論をまとめたうえで約500項目を収録し、見通しよく専門用語が理解できる。ほかにコミュニケーション学の専門領域にかかわるものとして後に示す『異文化コミュニケーション事典』に加え、ボブ・フランクリンほか『ジャーナリズム用語事典』(門奈直樹訳、国書刊行会)などがある。鶴見俊輔、粉川哲夫編『コミュニケーション事典』(平凡社)も「人間コミュニケーションを総合的にとらえた初の事典」として中世文化をはじめ非常に広範に事項が採られ、いまなお興味深い。(柴内康文)

異文化コミュニケーション事典
石井敏、久米昭元 編集代表◎春風社、2013年、7,600円+税

▶ **異文化の視点からコミュニケーションの用語を調べる**

　前出の『異文化コミュニケーション・キーワード』の著者らが編集した、このテーマに関する「本邦初の試み」の総合的事典である。「まえがき」にもある通り「文化とコミュニケーションは表裏一体の関係」にあることから、本事典はさまざまな文化現象だけでなく、コミュニケーションの基礎メカニズムについての記述も非常に充実していて幅広い対象者にすすめられる。豊富に採録された各見出し語は、定義・具体例をふまえた解説・課題の順でおよそ統一的に記述され読みやすい。また冒頭に序論としてまとめられた、異文化コミュニケーション研究がなぜ、どのように内外で関心を持たれ、また変容していったのかの歴史的展開や現在の課題も参考になるだろう。(柴内康文)

増補 情報の歴史 象形文字から人工知能まで
松岡正剛 監修 編集工学研究所 構成◦NTT出版、1996年

▶「情報」という視点から文化史を調べる

　生体から溢れでた情報を（情報の起源は生命の誕生にある！）いかにして人間は記録してきたかの一大情報文化史を、壮麗な年表仕立てにしてみせたのが本書である。対象は「象形文字から人工知能まで」だが、構成を担った編集工学研究所所長を務める松岡正剛の「情報はひとりではいられない」のことばどおり、同時代の世界の出来事と日本の出来事が見開きで並び、地域ごとの複数トピックを関連づけたタテ見出しも読者に興味深い視点を提供する。また索引はないので、読者は目当ての時代か気になったタテ見出しを見つけて「読む」ことになる。各章に解説があるが、部分的であれ通史に触れたくなったら、松岡による『情報の歴史を読む』（NTT出版）をたよりにするとよい。（佐々木裕一）

原典メディア環境 1851-2000
月尾嘉男、浜野保樹、武邑光裕 編◦東京大学出版会、2001年、10,000円＋税

▶古典・原典からメディアについて調べる

　その技術進展の速さゆえ、新しいメディアにわれわれは目を奪われがちである。だが歴史を紐解けば、それらは同工異曲であったり、過去と同プロセスの繰返しという現象もしばしばある。そんな少々冷めた視点での研究を手がけてみようというのであれば、「階差機関」から「ナップスター」までの、郵便・電話・映画・放送・コンピュータなどに関する重要資料141点が集められた本書は格好の手引書になる。論考や書籍のみならず、個人メモ（「キネトスコープ」）、法律（「日本帝国電信条例」）や報告書（「ENIACに関する報告書」）、さらには小説（『すばらしい新世界』）といった多彩な情報源から選ばれた資料は、事典である本書の通読へと、読者をいざなうかもしれない。（佐々木裕一）

基本的データソース集 （各種白書など）

▶ メディア・情報をめぐるデータを調べる

　レポートなどの執筆では、コミュニケーション・メディア領域の統計情報を参照する必要があろう。電通総研『情報メディア白書』（ダイヤモンド社）は、新聞や出版、音楽からネットまで、情報メディア産業全体の現状を豊富なデータで紹介し、最新の話題や関連資料も盛り込む。藤竹暁『図説日本のメディア』（NHKブックス）も同様に定評あるハンディな1冊。各領域では『インターネット白書』（インプレスジャパン）などさまざまな「白書」類があるほか、オンライン上でも総務省「情報通信統計データベース」（http://www.soumu.go.jp/johotsusintokei/）や電通「日本の広告費」（http://www.dentsu.co.jp/books/ad_cost/index.html）などは信頼のおける標準的な情報源として有用だろう。（柴内康文）

メディアの卒論　テーマ・方法・実際
藤田真文 編◆ミネルヴァ書房、2011年、3,000円＋税

▶ メディアについて執筆する

　メディアをテーマにして卒業論文を書いてみたい学生には、まずこのブックガイドの第1章で紹介されている本を手にとってもらいたいが、それとあわせてこの本を一読してみるとよいだろう。この本は2部構成になっており、第1部では全体的な卒論の進め方が解説され、第2部では方法別の研究の進め方が示される。第2部で紹介されるそれぞれの研究方法についてはより詳細な解説書を読むことをすすめたいが、方向性に迷っている人にとってこの本は良い案内となるだろう。卒業論文のことを考え始めた、早い段階で読んでもらいたい。卒業論文一般に関しては、白井利明、高橋一郎『よくわかる卒論の書き方第2版』（ミネルヴァ書房）が参考になる。（北村智）

「文化系」学生のレポート・卒論術
渡辺潤、宮入恭平 編著◦青弓社、2013年、1,600円+税

▶ポピュラー文化について執筆する

　文「科」系ではなく、文「化」系、なかでもポピュラー文化を専攻する学生向けに書かれている。大学で学生は苦労しなければならない。とりわけ苦労してほしいのが考えることと書くこと。考えながら書き、書きながら考えること。そこでの過ごし方が「押さえておきたいツボ」、ついでポピュラー文化について考え、書くうえで「使えそうなコンセプト」と「役立ちそうなトピック」が紹介される。前者では「消費」や「アイデンティティ」など10件、後者では「音楽」や「ソーシャルメディア」など10件が扱われる。最終パートはデータの集め方を紹介する。小笠原善康『新版 大学生のためのレポート・論文術』（講談社現代新書）を本書とセットで使えば鬼に金棒だ。（川浦康至）

コミュニケーション研究法
末田清子、抱井尚子、田崎勝也、猿橋順子 編著◦ナカニシヤ出版、2011年、3,200円+税

▶コミュニケーションについて執筆する

　コミュニケーションそのものの研究に興味がある場合は、本書が多様な研究手法を網羅的に紹介している。大きく実験や質問紙調査などの「量的研究」「質的研究」と「応用編」に整理して解説されているが、インタビューやフィールドワーク、会話分析といった質的研究の部分が充実していることが特徴の1つである。本書のもう1つの特徴は、それぞれの手法を利用して行われた実際の研究例の要約が各章末尾に加えられていることであり、各手法が具体的にどのような知見を生み出すのか理解しやすくなっているといえる。なお、とくに異文化コミュニケーションに関心がある場合は、石井敏、久米昭元『異文化コミュニケーション研究法』（有斐閣）なども参考になる。（柴内康文）

あ と が き

　コミュニケーション学の対象は茫洋としています。どんなものごとにもコミュニケーション性が存在するからでしょう。半面、それはコミュニケーション学のわかりにくさにもつながってるようで、実際こういう質問をよく受けます。「コミュニケーション学って何ですか?」。

　本書は、それに対する私たちの解答でもあります。

　昨年4月の教授会で、本ブックガイドの企画を提案し、学部のプロジェクトとして認められました。最初の仕事は選書リストを作ることです。全教員に「コミュニケーション学の重要文献をあげてほしい」と呼びかけると、246点が集まりました。それからが大変でした。100点程度の掲載を想定していたからです。半分以下に絞らなければなりません。

　絞るにあたって、5つの分類を考えました。「メディアコミュニケーション」「企業コミュニケーション」「グローバルコミュニケーション」「コミュニケーション原論」「基本図書」の5つです。割り振ったときの点数は各章の選書数に反映されました。各章の編集委員を決め、彼らに1冊ずつ検討してもらいました。その後、実際に本を持ち寄って、何度も会議を持ちました。会議自体は楽しかったのですが、はたして決まるのだろうかと絶望的な気持ちになったこともありました。

　最終選書では、できるだけ現在、書店で入手可能なもの、日本で書かれたものにするという条件を付けました。評価の定まった

翻訳書に依存しないようにしたかったのです。絶版だったり、出版年が古かったりして、最終的に漏れた本は関連書として文中で紹介しようとなりました。「えっ、こんな本もありっ?」との声が聞こえてきそうな128点は、こうして決まりました。ユニークなリストに仕上がっていると思いませんか。執筆は原則として、その本の推薦者に頼みましたが、この人にこの本を語らせてみたい、という編集委員の希望で決まったものもあります。自著についてはご本人にお願いしました。

　ここで内輪話をお許しください。実はこの3月で7名の同僚が退職します。構想段階では出版の意義しか考えていなかったのですが、作業が進むにつれ、このタイミングを逃すのはもったいないと思うようになりました。仲間でいる間に一緒に出したい。その思いが初の学部監修本を後押ししました。

　活用のヒントなど本書の関連情報を、コミュニケーション学部のブログ「コミ部ログ」に掲載していく予定です。URLはhttp://comtku.blogspot.jp/です。お寄りいただければ幸いです。

　NTT出版の佐々木元也さんには、28名分の原稿管理はじめ、面倒な仕事を引き受けていただきました。勝手も無理も聞いていただきました。3月の着想から1年も経たないうちに刊行できたのも彼のおかげです。この場を借りてお礼申し上げます。

2014年1月

　　　　　　　　　　　　　編集委員を代表して　川浦康至

書名索引

数字・英字

21世紀メディア論 049
CODE 010
CODE VERSION2.0 010
PRハンドブック 066

あ行

アサーション入門 207
アサイラム 155
アメリカ人 027
暗黙知の次元 098
生きることのレッスン 175
意思決定の科学 083
イスラム報道 131
一般システム思考入門 183
一般メディオロジー講義 039
イデオロギーとは何か 133
イノベーション社会学 085
イノベーションの普及 084, 087
異文化コミュニケーション・キーワード 214
異文化コミュニケーション研究法 218
異文化コミュニケーション事典 214, 215
意味とシステム 033
意味への抗い 057
イメージの生と死 039
幻影（イメジ）の時代 026
印刷革命 042
インターネット 002
インターネットⅡ 002

インターネット新世代 002
インターネット心理学のフロンティア 007
インターネットの銀河系 012
インターネットの心理学 007
インターネット白書 217
インターネットは民主主義の敵か 015
インフォメーション 152
ウィキノミクス 061, 080, 153
ウェブ進化論 192
ウェブはバカと暇人のもの 194
ウェブログの心理学 007
宇宙戦争 016
梅棹忠夫著作集 031
ウルトラヘヴン 200
影響力の武器 146
影響力の武器 実践編 147
営業をマネジメントする 059
エモーショナル・デザイン 167
エンカルタ 090
狼が連れだって走る月 200
オープン・サービス・イノベーション 061
オムニフォン 200
オリエンタリズム 130
オルレアンのうわさ 160

か行

海外観光旅行の誕生 051
外国語学習の科学 116
カオス 153
顔は口ほどに嘘をつく 150

221

科学と神 185
鏡の中のミステリー 125
かくれた次元 102
家郷の訓 123
過剰化社会 027
火星からの侵入 016
傾いた図形の謎 125
悲しき熱帯 115
からだ・演劇・教育 175
「からだ」と「ことば」のレッスン 174
カルチュラルターン、文化の政治学へ 187
寛容な社会を支える情報通信技術 015
機械の花嫁 035
企業の理論 181
菊と刀 128
危険社会 110
技術者と価格体制 181
基礎情報学 162
キャラクター精神分析 062
供犠 105
教師のためのからだとことば考 175
『キング』の時代 190
近代・組織・資本主義 033
近代日本のメディアと地域社会 051
グーグル 092
グーテンベルクの銀河系 012, 035, 042
陸羯南 051
クラリッサの凌辱 133
グランズウェル 060
クリエーターズ・トーク 055
経営行動 083
経営者の時代 071
経営組織 213
経済と文明 107
経済の文明史 106
ケータイ社会論 009
ケータイのある風景 008
源氏物語の文学史 121

現代広告論 213
現代ジャーナリズムを学ぶ人のために 212
現代メディア史 210
原典メディア環境1851-2000 216
原発依存の精神構造 063
言論統制 190
行為と演技 037, 154
公共性の構造転換 043
広告都市・東京 057
広告の誕生 056
広告も変わったねぇ 055
広告論講義 054
甲子園野球と日本人 051
構造主義とは何か 165
高地ビルマの政治体系 097
口頭伝承論 115
広報・PR概論 067
広報・広告・プロパガンダ 064
声に出して読みたい日本語 206
「声」の資本主義 186
声の文化と文字の文化 035, 168
コーポレートコミュニケーション経営 067
古今和歌集 120
個人主義の再検討 029
個人的知識 099
「ゴッド」は神か上帝か 119
孤独な群衆 028
孤独なボウリング 170, 173
ことばが劈かれるとき 175
ことばと思考 113
ことばと社会 197
ことばと文化 197
ことばにはできない想いを伝える 151
子供はなぜ嘘をつくのか 151
コネクションズ 005, 007
コミュナルなケータイ 049
コミュニケーション研究法 218
コミュニケーション事典 215

コミュニケーション・スタディーズ 210
コミュニケーション力 206
コミュニティを問いなおす 202
コモンズ 011
コヨーテ読書 200
コロンブスの犬 200
コンサルタントの道具箱 183
コンサルタントの秘密 182
コンピュータ 143

さ行

差異と反復 177
サイバネティックス 184
ザ・ディベート 208
サバンナの博物誌 115
サブカルチャー 156
シェイクスピア 132
自己と他者 141
市場と企業組織 070
システムの科学 082
私説 広告五千年史 055
思想としてのシェイクスピア 133, 199
時代精神 161
実践！アカデミック・ディベート 208
実践 日本人の英語 198
ジモトを歩く 126
ジャーナリズム用語事典 215
社会学年報 105
社会学の方法 033
社会的ひきこもり 063
社会のイメージの心理学 025
社会は情報化の夢を見る 032, 169
集合知とは何か 163, 173, **193**
「集団主義」という錯覚 124
自由の論理 099
銃・病原菌・鉄 108, 153
消費社会の神話と構造 181
情報技術革命とリエンジニアリング 081

情報社会と福祉国家 013
情報社会論の展開 033
情報通信白書 033
情報の文明学 030
情報の歴史 216
情報の歴史を読む 216
情報覇権と帝国日本 051
情報メディア白書 217
新・思考のための道具 143
身体感覚を取り戻す 206
神童から俗人へ 185
新ネットワーク思考 086, 153, 173
親米と反米 187
ジンメル・つながりの哲学 205
人類学再考 097
人類学と社会学 105
スーパーエンジニアへの道 183
スケール・アンド・スコープ 071
図説日本のメディア 217
スポーツを楽しむ 149
スマートモブス 005
スモールワールド・ネットワーク 087
政治をするサル 179
精神と自然 141
精神の生態学 140
生成文法の企て 144
生物から見た世界 178
生命と機械をつなぐ知 163
生命の劇場 179
世界が土曜の夜の夢なら 063
世界・テキスト・批評家 131
世界リスク社会論 111
責任と正義 057
ゼミナール マーケティング入門 059
セルバンテスの思想 135
戦後史のなかの憲法とジャーナリズム 050
センスメーキングインオーガニゼーションズ 075
戦闘美少女の精神分析 063

戦略PRの本質 067
占領期メディア史研究 051
創造者たち 027
想像の共同体 138, 169
贈与の謎 105
贈与論 104
ソーシャル・キャピタル入門 171
ソーシャル・キャピタルのフロンティア 171
ソーシャルブレインズ入門 203
続 基礎情報学 163
組織化の社会心理学 071, 074
組織事故 076
組織事故とレジリエンス 077
組織は戦略に従う 070

⋮　　　　た 行　　　　⋮

大学生のためのレポート・論文術 218
体系パブリック・リレーションズ 066
大転換 107
絶え間なき交信の時代 009
竹内レッスン 175
楽しみの社会学 149
誰のためのデザイン？ 166
知識人とは何か 131
知識創造企業 071, 072
知的生産の技術 031
「中立」新聞の形成 051
チョムスキー言語基礎論集 145
沈黙のことば 103
沈黙の螺旋理論 022
通信の数学的理論 152
つながる脳 101, 203
つなげる広告 195
出会い 154
「出会う」ということ 175
定常型社会 202
デジタルデバイドとは何か 013
デジタル・メディア社会 049
テヅカ・イズ・デッド 062

哲学する民主主義 171
テレビ的教養 190
電子ネットワーキングの社会心理 006
電話するアメリカ 045, 046
統計でウソをつく法 209
読書力 206
閉じこもるインターネット 014
都市・情報・グローバル経済 013
都市のドラマトゥルギー 187
友だち幻想 205
ドン・キホーテ 134

⋮　　　　な 行　　　　⋮

なぜメディア研究か 040
なだいなだ全集 201
ナラティブ・アプローチ 165
ナラティブの臨床社会学 165
何のための豊かさ 029
「日本人論」再考 125
日本人の英語 198
日本人はなぜ外国語ができないか 197
日本の広報・PR100年 068
日本のコンピュータ史 143
日本文化論の系譜 125
入門講座デジタルネットワーク社会 211
人間機械論 185
人間はどこまでチンパンジーか？ 109
認知心理学 125
「ネットワーク経済」の法則 090
ネットワーク組織論 078
ネットワーク分析 087
ノイマンの夢・近代の欲望 033

⋮　　　　は 行　　　　⋮

バースト！ 087
パーソナル・インフルエンス 018, 021
パーソナルネットワーク 087
バーチャル・コミュニティ 004, 143
バーチャル・リアリティ 005

博覧会の政治学 187
始まりの現象 131
場所感の喪失 036
裸のサル 101
裸の眼 101
八月十五日の神話 190
ハッカーズ 093
パブリックリレーションズ 067
パレスチナ問題 131
ピープルズ・チョイス 019
ひきこもりはなぜ「治る」のか？ 063
ビジネス・インサイト 059
ピダハン 113
批評の機能 133
ファインマンさんの愉快な人生 153
フェイスブック 093
不祥事は財産だ 196
不平等社会日本 033
ブランド 058
フリー 089, 091
ブリタニカ大百科事典 090
古いメディアが新しかった時 044
フロー体験 148
フロー体験とグッド・ビジネス 149
プログラミングの心理学 183
プロデメの変貌 161
プロパガンダ 147
文学とは何か 133
「文化系」学生のレポート・卒論術 218
文化人類学と言語学 112
文化とコミュニケーション 096
文化としての時間 103
文化と帝国主義 131
文化の型 129
文化を超えて 103
文体の論理 119
文明崩壊 109
分類の未開形態 105
ペルシーレス 135

方法 161
ホールアースカタログ 004
ポケベル・ケータイ主義！ 009
保守事故 077
ポストコロニアリズム 199
ボランティア 079
ホワッチャドゥーイン、マーシャル・マクルーハン？ 035
翻訳語成立事情 118
翻訳語の論理 119

⋮　　　　ま行　　　　⋮

マーケティング思考の可能性 059
マーケティングの神話 059
マーケティングを学ぶ 059
マクロウィキノミクス 081
マスコミが世論を決める 021
マス・コミュニケーション効果研究の展開 211
幻の公衆 025
マルクス主義と文芸批評 133
マルセル・モースの世界 105
マンウォッチング 100
宮本常一著作集 123
民俗学の旅 123
民族という名の宗教 201
みんな集まれ！ 153, 172
無意識の発見 176
無文字社会の歴史 114
メイカーズ 089
メディア時代の文化社会学 187
メディア社会 190
メディア・スタディーズ 041
メディアとしての電話 047, 049
メディアと政治 021
メディアの議題設定機能 020
メディアの近代史 045
メディアの生成 048
メディアの卒論 217
メディアの文明史 035, 169

メディア・ビオトープ　049
メディア用語基本事典　215
メディア・リテラシー　191
メディア論　034, 037, 169
メディオロジー宣言　038
メディオロジー入門　039
もし「右」や「左」がなかったら　113
モダン・コンピューティングの歴史
　142
物語としてのケア　164
モバイル産業論　009
模範小説集　135
模倣の法則　176

：　　　　　　や行　　　　　　：

野生哲学　200
有閑階級の理論　180
友人のあいだで暮らす　047
夢の原子力　187
よくわかるコミュニケーション学　214
よくわかる卒論の書き方　217

よくわかるメディア・スタディーズ
　212
世論　024
世論と群集　177

：　　　　　　ら行　　　　　　：

ライフストーリー・インタビュー　165
ラ・ガラテア／パルソナ山への旅　135
ラディカル・オーラル・ヒストリー
　127
利己的な遺伝子　153
流動化する民主主義　171
レヴィ＝ストロース　097
ロングテール　088, 173

：　　　　　　わ行　　　　　　：

わかりあえないことから　204
わざ言語　158
忘れられた日本人　122
嗤う日本の「ナショナリズム」　057

編集委員
全体：川浦康至
第1章担当：北村智
第2章担当：佐々木裕一
第3章担当：深山直子
第4章担当：北山聡
第5章担当：柴内康文

執筆者紹介（研究テーマ）
有山輝雄（ありやま・てるお）日本のジャーナリズム形成過程
安藤明之（あんどう・あきゆき）情報システム論、情報教育論
池宮正才（いけみや・まさとし）ノンフィクション言説の物語論
内田平（うちだ・たいら）日本語複合動詞の語彙概念構造
遠藤愛（えんどう・まな）コーチング論、スポーツ科学
大榎淳（おおえのき・じゅん）メディアアート
荻内勝之（おぎうち・かつゆき）小説「ドン・キホーテ」
川井良介（かわい・りょうすけ）雑誌、ベストセラー、新聞報道比較
川浦康至（かわうら・やすゆき）中ぐらいのコミュニケーション
北村智（きたむら・さとし）メディアと情報行動
北山聡（きたやま・さとし）ネットコミュニケーションと情報産業
駒橋恵子（こまはし・けいこ）広報／企業コミュニケーション
桜井哲夫（さくらい・てつお）近・現代社会史、文化史
佐々木裕一（ささき・ゆういち）情報の価値と収益化
佐藤行那（さとう・ゆきとも）健康と運動
柴内康文（しばない・やすふみ）コミュニケーションと社会関係資本
関沢英彦（せきざわ・ひでひこ）広告など生活系コミュニケーション
中村嗣郎（なかむら・つぐろう）意味論と統語論の接点
西垣通（にしがき・とおる）基礎情報学とその応用
長谷川倫子（はせがわ・ともこ）戦争と映画、1960年代のラジオ
深山直子（ふかやま・なおこ）文化人類学、先住民研究
光岡寿郎（みつおか・としろう）ミュージアムのメディア研究
本橋哲也（もとはし・てつや）シェークスピア演劇と近代思想
山崎カヲル（やまさき・かをる）新大陸「発見」のイメージ分析
山田晴通（やまだ・はるみち）社会地理学、ポピュラー音楽研究
吉井博明（よしい・ひろあき）災害情報と情報行動
Peter Ross（ピーター・ロス）英語教育法
渡辺潤（わたなべ・じゅん）メディアとポピュラー文化

東京経済大学コミュニケーション学部

日本初のコミュニケーション系学部として、1995年に開設。教育内容はつぎの2点で、1つは対象としてのコミュニケーションを学ぶこと、2つめは発想・方法論としてのコミュニケーションを学ぶこと。教育目標として「関係力」の涵養を置いている。20周年にあたる2015年から、メディア、企業、グローバルの3コース制になる。

コミュニケーション学がわかるブックガイド

2014年2月18日　初版第1刷発行

監修者	▶東京経済大学コミュニケーション学部
発行者	▶軸屋真司
発行所	▶NTT出版株式会社
	〒141-8654
	東京都品川区上大崎3-1-1 JR東急目黒ビル
	営業本部　TEL 03 (5434) 1010
	FAX 03 (5434) 1008
	出版本部　TEL 03 (5434) 1001
	http://www.nttpub.co.jp/
デザイン	▶米谷豪
編集協力	▶ソレカラ社
組版	▶フログラフ
印刷・製本	▶精文堂印刷株式会社

© Faculty of Communication Studies, Tokyo Keizai University 2014
Printed in Japan
ISBN 978-4-7571-0346-7 C0000

定価はカバーに表示してあります。
乱丁・落丁はお取り替えいたします。

NTT出版の本

基礎情報学——生命から社会へ
定価（本体2,500円＋税）

続 基礎情報学——「生命的組織」のために
定価（本体2,500円＋税）

西垣通 [著]

…

メディオロジー宣言
定価（本体2,800円＋税）

メディオロジー入門
定価（本体2,800円＋税）

一般メディオロジー講義
定価（本体5,500円＋税）

イメージの生と死
定価（本体5,500円＋税）

レジス・ドブレ [著]
西垣通 [監修] **嶋崎正樹** [訳]

…

電話するアメリカ——テレフォンネットワークの社会史
定価（本体4,800円＋税）

C・S・フィッシャー [著]
吉見俊哉／松田美佐／片岡みい子 [訳]